本书获得重庆市高等教育教学改革研究项目"高校思想政治理论课虚拟实践教学探索"（163027）、西南大学中央高校基本科研经费"能力提升"项目"'大思政课'视域下高校全过程就业育人实践策略研究"（SWU2209228）的支持。

"大思政"视域下
高校就业育人研究

邓湖川 章瀚丹 李栋宣 等 著

DASIZHENG SHIYU XIA
GAOXIAO JIUYE YUREN YANJIU

西南大学出版社

图书在版编目(CIP)数据

"大思政"视域下高校就业育人研究 / 邓湖川等著． — 重庆：西南大学出版社，2024.5
ISBN 978-7-5697-2431-8

Ⅰ.①大… Ⅱ.①邓… Ⅲ.①高等学校—毕业生—就业—研究—中国 Ⅳ.①G647.38

中国国家版本馆CIP数据核字(2024)第111917号

"大思政"视域下高校就业育人研究

邓湖川　章瀚丹　李栋宣　等◎著

责任编辑：	钟小族
责任校对：	鲁　艺
装帧设计：	⌒起源
排　　版：	张　祥
出版发行：	西南大学出版社(原西南师范大学出版社)
	地址：重庆市北碚区天生路2号
	邮编：400715
	电话：023-68868624
经　　销：	全国新华书店
印　　刷：	重庆长虹印务有限公司
成品尺寸：	170 mm×240 mm
印　　张：	13.75
字　　数：	210千字
版　　次：	2024年5月第1版
印　　次：	2024年5月第1次
书　　号：	ISBN 978-7-5697-2431-8
定　　价：	52.00元

前　言

新时代以来,我国大力实施就业优先战略,就业工作取得了显著成效,极大提高了保障和改善民生的水平。高校作为人才培养的主阵地和重要摇篮,扮演着做好本校毕业生就业工作的责任主体的角色,承担着为党和国家事业发展提供后备人才力量的职能。据教育部统计,2024届全国普通高校毕业生规模预计达1179万人,同比增长21万人,就业形势依然严峻。2023年12月发布的《教育部关于做好2024届全国普通高校毕业生就业创业工作的通知》(教就业〔2023〕4号),从强化统筹部署、强化协同联动、强化高校责任、深入开展"访企拓岗"专项行动、推进实施"万企进校园"计划等方面提出26条举措,明确要求各高校切实贯彻党中央、国务院决策部署,积极实施"2024届全国普通高校毕业生就业创业促进行动",全力促进和保障高校毕业生及时就业。

《教育部关于做好2024届全国普通高校毕业生就业创业工作的通知》指出,要切实加强就业教育和观念引导,并将其作为"三全育人"的重要内容,扎实开展"就业育人"主题教育活动,引导毕业生树立正确的成才观、职业观、就业观;广泛宣介各高校各单位促进就业的好经验和好做法,深入进行就业育人典型事例和高校毕业生就业创业典型人物的宣传推广。要引导高校毕业生树立科学的成才观、职业观、就业观,帮助高校毕业生理性审视个人条件和社会需要,从个人实际和社会实际需要着眼选择职业和工作岗位,这就涉及"大思政"的育人属性问题。从"大思政"视域审视高校就业育人,其成效不仅直接关系到毕业生个人的职业生涯和长远发展,还关系到千万家庭的和谐幸福及社会的和睦安定,与第二个百年奋斗目标和中华民族伟大复兴中国梦的实现息息相关。

本书以"'大思政'视域下高校就业育人研究"为主题,沿着"是什么—为什么—有什么—怎么办"的逻辑思路层层递进,系统探讨"大思政"视域下高校就业育人的基本概述、现实审视、原则遵循、内容建构、过程衔接、策略优化等问题,构建"大思政"视域下高校就业育人的理论和实践体系,为新时代新征程上继续深入推进高校就业育人奠定学理基础。

第一章是"大思政"视域下高校就业育人的基本概述,从"大思政"与高校就业育人的关系解读出发,厘清"大思政"视域下高校就业育人的核心概念。基于马克思主义基本原理的理论奠基,党和国家领导人相关论述的理论贡献,以及有关部门的重要政策来分析"大思政"视域下高校就业育人的理论渊源。深入推进"大思政"视域下高校就业育人,对于提升大学生就业质量,促进大学生成长成才,引导大学生融入社会,到祖国和人民最需要的地方建功立业、发光发热,具有重要价值意蕴。

第二章讨论"大思政"视域下高校就业育人的现实审视。当前,"大思政"视域下高校就业育人面临着新形势和新任务,处于机遇和挑战并存的境况。从重要机遇来看,"大思政"视域下高校就业育人的机遇体现在国家就业政策创造有利条件、高校就业工作奠定坚实基础、"大思政"开辟全新视野等方面。从现实挑战来看,"大思政"视域下高校就业育人面临的挑战体现在思想政治教育观照就业现实缺乏、就业指导凝聚育人核心不够、学生就业观念纠偏困难等方面。这些方面主要受到社会就业形势严峻、高校就业教育不到位以及学生自我教育的非理性的影响。

第三章讨论"大思政"视域下高校就业育人的原则遵循。开展"大思政"视域下高校就业育人究竟要遵循哪些原则,本书认为主要有时代性原则、思想性原则和现实性原则。时代性原则强调"大思政"视域下高校就业育人要回应强国之路的时代要求,落实担当使命的时代责任,助力改革攻坚的时代任务。思想性原则侧重"大思政"视域下高校就业育人要坚持"立德树人"的根本任务,聚焦"以生为本"的育人理念,着眼"四为服务"的目标导向。现实性原则突出"大思政"视域下高校就业育人应切准学生群体就业的普遍需要,把握学生个体就业的禀赋差异,聚力学生就业的供需适配平衡。

第四章讨论"大思政"视域下高校就业育人的内容建构。从静态的内容构成来看,"大思政"视域下高校就业育人的内容涵盖就业观念引航、职业理想塑造、奋斗精神培育及家国情怀构筑四个方面。就业观念引航要求"大思政"视域下高校就业育人要引导大学生树立多元的就业观、培育理性的择业观并形塑正确的职业价值观。职业理想塑造要求"大思政"视域下高校就业育人要引导大学生将职业理想与自我认知结合、与专业定位契合并与社会发展耦合。奋斗精神培育要求"大思政"视域下高校就业育人要引导大学生在专业学习中培育创新创业素质,在实习实训中磨砺心态能力本领,在求职就业中养成良好职业精神。家国情怀构筑要求"大思政"视域下高校就业育人培养砥砺奋发的时代新人,塑造笃行不怠的担当先锋,铸就扎根人民的光辉榜样。

第五章讨论"大思政"视域下高校就业育人的过程衔接。从纵向的过程发展来看,"大思政"视域下高校就业育人的过程衔接从前往后依次包括职业生涯教育、职场践训体悟、求职择业引流、职前调适疏导。职业生涯教育要求"大思政"视域下高校就业育人引导大学生实现角色转换,唤起大学生的生涯意识并引导大学生探寻职业目标。职场践训体悟要求"大思政"视域下高校就业育人增进大学生的职场认知感悟,形塑大学生的职业道德规范并修正其职业发展目标。求职择业引领要求"大思政"视域下高校就业育人引导大学生做好求职准备,激发大学生的求职动能,调动大学生的择业行为并进行有针对性的求职择业帮扶。职前调适疏导要求"大思政"视域下高校就业育人强化大学生的职前赋能充电,开展职业心理疏导并增进大学生的成功就业信念。

第六章讨论"大思政"视域下高校就业育人的策略优化。破解"大思政"视域下高校就业育人究竟怎么办的问题,应从抓牢党建统领与思想引领的主基调、筑实就业场域与思政课堂两个主战场、建强专兼结合的就业育人主力军、打好就业育人资源整合的主动仗入手。抓牢党建统领与思想引领的主基调,就是要发挥党委统一领导的"定盘星"作用,构建"大党建""大思政"工作新矩阵。筑实就业场域与思政课堂两个主战场,就是要突显就业场域的思政功能并激活思政课堂的就业因子。建强专兼结合的就业育人主力军,就是要打造"多轮驱动"的就业育人队伍,形成全员参与、齐抓共管的就业育人合力。打好就业育人资源整合的主动仗,就是要引入校外育人资源,彰显生涯人物示范,营造就业文化环境并建立就业育人机制,推动"大思政"视域下高校就业育人的实效提升。

　　以上所述,只是《"大思政"视域下高校就业育人研究》的总体框架。本书涉及的"大思政"与"就业育人"问题较为前沿,其中不乏真知灼见,然而毕竟是一个新的探究领域,呈现在读者们面前的内容,不尽如人意之处难以避免。希冀本书的出版能为"大思政"视域下高校就业育人带来更多的学术探讨。

目录

第一章 "大思政"视域下高校就业育人的基本概述　1

一、"大思政"视域下高校就业育人的内核要义　2
（一）"大思政"视域下高校就业育人的概念厘定　2
（二）"大思政"与高校就业育人之间的内在关系　9

二、"大思政"视域下高校就业育人的理论溯源　13
（一）马克思主义经典作家关于就业育人的理论奠基　13
（二）中国共产党历届领导人关于就业育人的重要论述　17

三、"大思政"视域下高校就业育人的价值意蕴　27
（一）培育新时代好青年的重要环节　27
（二）促进高质量充分就业的关键举措　29
（三）强化中国式现代化建设的人才保障　30

第二章 "大思政"视域下高校就业育人的现实审视　33

一、"大思政"视域下高校就业育人的重要机遇　34
（一）国家就业政策创造有利条件　34
（二）高校就业工作奠定坚实基础　38
（三）"大思政"开辟全新视野　41

二、"大思政"视域下高校就业育人的现实挑战　　43
（一）思政教育观照就业现实不足　　44
（二）就业指导凝聚育人核心不够　　46
（三）学生就业思想观念纠偏困难　　49

三、"大思政"视域下高校就业育人的影响因素　　52
（一）社会就业形势的严峻性　　52
（二）高校就业教育不到位　　55
（三）学生自我教育的非理性　　58

第三章　"大思政"视域下高校就业育人的原则遵循　　63

一、坚持时代性原则　　64
（一）回应强国之路的时代要求　　65
（二）落实担当使命的时代责任　　69
（三）助力改革攻坚的时代任务　　72

二、坚持思想性原则　　75
（一）坚持立德树人根本任务　　75
（二）聚焦以生为本育人理念　　79
（三）着眼"四为服务"目标导向　　81

三、坚持现实性原则　　85
（一）切准学生群体就业普遍需求　　85
（二）把握学生个体就业禀赋差异　　89
（三）聚力大学生就业供需平衡　　92

第四章 "大思政"视域下高校就业育人的内容建构 99

一、就业观念引航 100
(一)树立多元的就业观 100
(二)培育理性的择业观 104
(三)形塑正确的职业价值观 106

二、职业理想塑造 109
(一)将职业理想与自我认知相结合 109
(二)将职业理想与专业定位相结合 112
(三)将职业理想与社会发展相耦合 113

三、奋斗精神培育 116
(一)在专业学习中培育创新创业素质 116
(二)在实习实训中磨砺心态能力本领 118
(三)在择业就业中养成良好职业精神 121

四、家国情怀构筑 123
(一)培养砥砺奋发的时代新人 123
(二)塑造笃行不怠的担当先锋 125
(三)铸就扎根人民的青年楷模 127

第五章 "大思政"视域下高校就业育人的过程衔接 131

一、职业生涯教育 132
(一)引导角色转换 132
(二)树立生涯意识 135
(三)探寻职业目标 139

二、职场践训体悟 …… 143
（一）职场环境体验 …… 143
（二）塑造职业道德规范 …… 145
（三）修正职业目标 …… 147

三、求职择业引流 …… 149
（一）引导求职准备 …… 149
（二）激发求职动力 …… 154
（三）引领基层就业和创新创业 …… 156
（四）了解求职择业帮扶政策 …… 160

四、职前调适疏导 …… 161
（一）强化职前培训 …… 161
（二）进行心理疏导 …… 163
（三）增强就业信心 …… 165

第六章 "大思政"视域下高校就业育人的策略优化 …… 169

一、抓牢党建统领与思想引领的主基调 …… 170
（一）发挥党委统一领导"定盘星"作用 …… 170
（二）构建"大党建""大思政"工作新矩阵 …… 174

二、筑实就业场域与思政课堂两个主战场 …… 178
（一）突显就业场域的思政功能 …… 178
（二）激活思政课堂的就业因子 …… 180

三、建强专兼结合的就业育人主力军 …… 184
（一）打造"多轮驱动"就业育人队伍 …… 185
（二）形成全员参与、齐抓共管的就业育人合力 …… 188

四、打好就业育人资源整合的主动仗　　191
　　（一）引入校外育人资源　　191
　　（二）彰显生涯人物示范　　195
　　（三）营造就业文化环境　　198
　　（四）建立就业育人机制　　201

后　记　　205

第一章

"大思政"视域下高校就业育人的基本概述

党的十八大以来,以习近平同志为核心的党中央多次强调就业是民生之本,提出实施就业优先战略和积极就业政策。高校毕业生就业工作是"教育优先发展"与"就业优先战略"的重要结合点。对于毕业生而言,能否实现更充分更高质量的就业,不仅关乎个人成长发展、家庭的和谐幸福,更关系到社会的总体稳定、国家的繁荣发展。2023年,国务院办公厅印发《关于优化调整稳就业政策措施全力促发展惠民生的通知》,要求以习近平新时代中国特色社会主义思想为指导,深入实施就业优先战略,全面促发展惠民生,这对在"大思政"视域下研究高校就业育人提出了新要求、新期待。站在"两个一百年"奋斗目标的历史交汇点,如何在"大思政"视域下切实抓好高校就业育人,不断提升高校就业育人质效,是当前就业育人领域理应直面的现实课题。

一、"大思政"视域下高校就业育人的内核要义

教育是国之大计、党之大计。在"大思政"视域下探讨高校就业育人,要求将着力培养可堪民族复兴大任的时代新人、德智体美劳全面发展的社会主义建设者和接班人作为始终如一的根本任务。究竟应当怎样理解"大思政"视域下的高校就业育人?要解答这个问题,就需要阐释清楚为何"大思政"能够与"就业育人"相关联,也就是回答"大思政"与高校就业育人之间有什么样的内在联系,在此基础上,进一步明晰"大思政"视域下高校就业育人所彰显的一般特征,这是剖析"大思政"视域下高校就业育人的内核要义的关键点和突破口。

(一)"大思政"视域下高校就业育人的概念厘定

概念解读是理论研究的逻辑起点和必要一环。毛泽东指出:"概念这种东西已经不是事物的现象,不是事物的各个片面,不是它们的外部联系,而是抓着了事物的本质,事物的全体,事物的内部联系了。"[①] 因此,厘清"大思政"视

---

① 毛泽东.毛泽东选集:第1卷[M].2版.北京:人民出版社,1991:285.

域下高校就业育人的基本概念成为理论研究的首要任务。基于此,本书循着"大思政"的概念—高校就业育人的概念—"大思政"视域下高校就业育人的概念层层递进,深入分析"大思政"视域下高校就业育人的内涵与外延。

1."大思政"的概念剖析

恩格斯指出:"必须先研究事物,尔后才能研究过程。必须先知道一个事物是什么,尔后才能觉察这个事物中所发生的变化。"① 党的十八大以来,以习近平同志为核心的党中央高度重视思想政治工作,从理论和实践上回答了"培养什么人、怎样培养人、为谁培养人"等一系列根本问题,为理解"大思政"提供了根本遵循。

(1)"大思政"的概念厘定

在2016年12月召开的全国高校思想政治工作会议上,习近平总书记提出:"要坚持把立德树人作为中心环节,把思想政治工作贯穿教育教学全过程,实现全程育人、全方位育人,努力开创我国高等教育事业发展新局面。"② 学界对"大思政"的研究浪潮由此拉开,主要集中于"三全育人"和"立德树人"。比如,郑永廷教授指出:"把思想政治工作贯穿教育教学全过程,实现全程育人、全方位育人的模式,是一个全面、系统的人才培养模式,是习近平总书记对高校培养社会主义事业建设者和接班人模式的创新。"③ 张耀灿教授认为:"高校思想政治教育要始终坚持以习近平新时代中国特色社会主义思想为引领,坚持理论创新与实践创新相结合,提高大学生思想政治教育的时效性,以更好地完成高校作为立校之本的根本任务——立德树人。"④ 黄蓉生教授提出:"我国高校思想政治教育在发展过程中的一个鲜明特征,就是坚持以立德树人为导

---

① 中共中央马克思恩格斯列宁斯大林著作编译局.马克思恩格斯选集:第4卷[M].北京:人民出版社,2012:251.
② 习近平.习近平谈治国理政:第2卷[M].北京:外文出版社,2017:376.
③ 郑永廷.把高校思想政治工作贯穿教育教学全过程的若干思考——学习习近平总书记在全国高校思想政治工作会议上的讲话[J].思想理论教育,2017(01):9.
④ 张耀灿.新时代高校思想政治教育中的几个基本问题[J].西北工业大学学报,2019(1):1.

向。"[①]从这些学者的观点中不难看出,当前学界对"大思政"的内涵没有做出明确界定,而是将全员、全程、全方位和立德树人作为理解"大思政"的核心要素。

"大思政"是党和国家思想政治工作体系不可或缺、至关重要的组成部分,是毫不动摇坚持党的全面领导和坚定不移贯彻国家意志在学校教育中的体现、在人才培养中的体现,是促进大学生德智体美劳全方位发展的重要方式。据此,本文认为,"大思政"是指立足社会、学校、家庭、单位的合力,将具有思想政治教育功能的各种因素,通过特定活动形成合力育人体系的一种形态。也就是说,要全面理解和把握"大思政",就要把握概念中的"大"与"合"这两个关键词。一方面,要认识到"大思政"在于"大",要构筑家庭、学校、社会等多元主体共同参与其中的协同育人工作观。从"三全育人"的视角来理解,要调动一切具有思想政治教育功能的因素,打造全方位、立体化的育人平台,使学生随时随地都能获取实现个人发展的资源。另一方面,也要认识到"大思政"的核心要素在于"合",也就是"合力",即发挥思想政治教育各方主体的最大合力。这是基于"以生为本"的一种教育观。思想政治教育的本质是做人的工作,围绕学生、观照学生、服务学生是"大思政"的内在要求。"大思政"肩负着实现立德树人的根本任务、促进大学生全面成长成才的战略目标,只有通过多方面合力的作用,才能更好地实现培养堪当民族复兴大任的时代新人的目标。

(2)"大思政"的基本特征

通过以上对"大思政"概念的分析,我们不难发现,"大思政"概念具有全员参与性、育人渗透性、系统优化性等基本特征。

一是全员参与性。全员参与性是"大思政"概念的一个显著特征,怎么来理解呢？以高校学生思想工作来说,"大思政"倡导全体教职员工参与,充分利用思想政治教育的因素,使高校思想政治工作从常规的学生管理工作(包括学习管理、纪律管理、思想政治教育等),拓宽到教育教学、人才培养、后勤服务等各个方面。因此,全员参与性就意味着高校的学生思想政治工作不仅仅是某一个部门的事情,而是高校各个部门、全体教职员工的事情。从这个意义上理

[①] 黄蓉生.我国高校思想政治教育发展特征[J].中国高校社会科学,2020(5):88.

解全员参与性,"大思政"就不是狭义上的概念了,而具有广义性,要求高校全体参与。站在更广阔的角度来看,"大思政"的全员参与性不能局限于高校教职人员,还应包括学生的家庭以及政府、用人单位等等,全员参与、同向同行,形成真正的"大思政"格局。

二是育人渗透性。育人渗透性强调"大思政"以春风化雨、润物无声的方式影响人、改变人和塑造人。习近平总书记在学校思想政治理论课教师座谈会上提出,理直气壮开好思政课,要推动"八个统一",其中"坚持理论性和实践性相统一"[1]"坚持显性教育和隐性教育相统一"[2]为构建"大思政"格局提供了思路。高校思想政治教育理应坚持理论与实践相结合、显性教育与隐性教育相融合,实现双向并举、相互渗透,不能因为要向思想政治理论课要活力而使理论与实践脱节、显性教育与隐性教育分离。

三是系统优化性。之所以提出"大思政"具有系统优化性,是基于系统论的考虑。系统论认为,内部各要素结合,能够优化整体,这个理论也适用于"大思政"。"大思政"是一个大系统,可以分为若干子系统。要使"大思政"的整体效果最大化,就要优化各子系统并使它们叠加产生"1+1>2"的效应。"大思政"的系统性决定了要做好统筹规划,比如各类思想政治工作人员的配置、各个部门之间的协同、思想政治教育的内容等等,都要提前做好谋划,保证方向一致、目标一致和协同一致。

2. 高校就业育人的概念剖析

要探讨高校就业育人的概念,就必须回到对就业概念的理解和对就业育人概念的分析。这对进一步研究"大思政"视域下高校就业育人的理论与实践大有裨益。

(1)就业的概念

对就业的概念界定,学界已经产生了多角度的研究。从词源来看,在《辞源》(第3版)里,就业具有"求学""得到职业、参加工作"两种含义。从语义学

---

[1] 习近平.论党的宣传思想工作[M].北京:中央文献出版社,2020:385.
[2] 习近平.论党的宣传思想工作[M].北京:中央文献出版社,2020:386.

来看,《现代汉语词典》(第7版)中,就业是指"得到职业;参加工作"。可见,得到职业、参加工作是其核心要义。

本书认为,就业是指在法定年龄内的劳动者为获取报酬而进行的务工劳动,是劳动力与生产资料相结合,充分利用生产资料创造出社会所需的物质财富和精神财富的过程。理解就业的概念,需要从以下几个维度来把握。

一是从词源和语义学来看,"就业"包含"求学"与"得到职业"两层意思,这在我国古代典籍中就有详细记载。比如《魏书·高允传》中有"性好文学,担笈负书,千里就业",这里的"就业"指"求学"。再如《大戴礼记·曾子立事》:"日旦就业,夕而自省思。"这里的"就业"是从事某种事业、职业的意思。在汉语中,"就"具有趋向、接近、终于等词义。《孟子·梁惠王上》:"望之不似人君,就之而不见所畏焉",此处的"就"即接近、趋向的意思。"业"是指国民经济中的部门,如工业、农业;也指工作岗位,如职业、就业。

二是劳动力与生产资料相结合,是就业的基本特征。劳动力与生产资料作为就业的两大基本因素,是缺一不可的。如果只有劳动力而没有生产资料,就不能产生就业;只有生产资料而没有劳动力,也不能产生就业。只有将劳动力和生产资料两者结合,才能创造出社会所需要的物质财富和精神财富。

三是达到法定年龄是就业的基本要求。《中华人民共和国劳动法》第二章第十五条明确规定,禁止用人单位招用未满十六周岁的未成年人。文艺、体育和特种工艺单位招用未满十六周岁的未成年人,必须遵守国家有关规定,并保障其接受义务教育的权利。

(2)就业育人的概念

"就业育人"一词,现实中通常叫作"就业教育""职业教育"或"就业指导"。那么,究竟该如何理解"就业育人"呢?"就业育人"等于"就业教育"吗?

"就业育人"由"就业"和"育人"两词合并而成,但是"就业育人"不能简单地理解为"就业"和"育人"的累加,也不能想当然地将它等同于就业教育。就业育人具有新的内涵。但是,要正确理解就业育人的概念,就要追溯到就业教育。《教育大辞典》中明确指出,就业教育是帮助人们选择并准备从事一项适合自己的职业的过程,通过采用科学的方法,帮助人们了解自己,培养和发展生理和心理的适应能力;帮助人们了解五花八门的职业世界和获得职业信息,学会做出职业决策,即根据社会需要和自身特点选择职业、预备职业、获得职业和改进职业。[①]

教育的目的是育人,就业教育的目的也是为了育人,但是,就业教育更侧重于帮助劳动者理性选择并充分准备从事一项适合自己的职业的过程,包括准备阶段、提升阶段、决策阶段等。就业育人更强调在开展日常化的就业指导、常态化的就业工作的过程中,帮助劳动者树立职业理想、制订职业规划、提升就业能力,促进劳动者顺利就业、完成职业目标。育人助力就业,就业促进育人。高质量、可持续的就业,为育人工作带来更加强劲的动力。因此,就业就不仅仅是简单的双向选择,更为重要的是将育人价值自然而然地蕴涵在劳动者迈入社会,找到用武之地的过程中。就业育人更加强调育人的结果,着眼于"为什么育人、怎样育人、育什么样的人"的问题。也就是说,就业教育强调动态的育人过程,而就业育人则着眼于静态的育人过程。

为此,我们可以做出如下界定:就业育人是指将教育理念贯穿于培养劳动者的各个阶段,根据劳动者在不同阶段的思想特点、个性倾向和现实需要,有针对性地进行就业指导和价值引导,帮助劳动者树立职业理想、制订职业规划、提升就业能力,进而促进劳动者顺利就业、完成职业目标、实现人生价值的育人活动。

(3)高校就业育人的概念

深入实施高校就业育人,将就业面向的经济社会发展宏大图景、承载的强国建设深远重任、蕴涵的丰富鲜活育人元素融入人才培养各环节、全过程,助力人才培养质量提升,造就民族复兴可用之才,是新时代推进"三全育人"、加快建设人才强国的客观要求和必然选择。

为此,我们可以做出如下界定:高校就业育人是指高校以立德树人为旨归,将社会主义核心价值观培育嵌入就业各个环节,开展阶段化、动态化与长

---

① 教育大辞典编纂委员会.教育大辞典:第3卷[M].上海:上海教育出版社,1991:274.

效化的思想政治教育和职业生涯发展指导,在就业观念引航、职业理想塑造、职业技能夯实、家国情怀构筑等方面对学生施加积极影响,使他们成为时代新人的实践活动。我们可以从育人的主体、育人的目标、育人的内容等方面展开分析。

一是从育人的主体来看,高校就业育人主体的内涵与外延更加广阔。当前从事就业指导工作的师资队伍,如高校招生就业处的教师群体、职业生涯规划课程的专业教师群体、辅导员群体等,肩负着对大学生进行职业生涯规划教育、就业形势政策教育、职前心理疏导教育、职业理想树立教育、就业创业素质提升教育等方面的任务。具体来看,新时代就业育人主体在全员参与、全方位推动、全要素协同的就业育人生态中,引导劳动者立足于中国特色社会主义土壤,形成向下扎根、向上生长的能力,顺利就业、融入社会。这既是增强劳动者的获得感和满足感,促使劳动者走向全面成长成才的应有之义,也是促进社会和谐稳定,为党和国家各项事业发展注入更多智慧和正能量的必然举措。

二是从育人的目标来看,高校就业育人的目标指向更加明晰。较之以往"只要学生就业就完成任务"的观点,当前高校就业育人强调以立德树人为根本任务,引导学生走进自我、走近社会,理顺自我和社会的内在关系,引导学生在职业选择中深植鸿鹄之志、树立家国情怀,以服务国家重大战略需求与社会经济发展为己任,承担起到国家需要的地方建功立业的时代使命,不断推动劳动者成长成才与安居乐业,由此达成就业育人的价值目标。当然,高校就业育人,所育之人必然是适应党和国家发展需要、适应社会经济发展需要之人。推动学生在整个职业生涯发展的过程中及时调整生涯目标、适时转换生涯角色、随时平衡生涯目标,是对新时代"为谁培养人"的有力回应。

三是从育人的内容来看,高校就业育人的内容更加宽泛。高校就业育人的内容包括职业生涯规划教育、就业形势政策教育、职前心理疏导教育、职业理想树立教育、就业创业素质提升教育等,不再是以前的"以就业论就业"的狭隘思维,而是将就业视为由多个内容要素构成的育人系统,将就业的育人功能从"出口端"向全社会育人过程延伸,满足学生对就业的高期待与获得感。可见,做好新时代就业育人,要求教师帮助学生全面把握国家就业育人新要求,紧跟当前就业形势发展趋势,引导劳动者服务国家重大战略、勇于担当社会责任。

3."大思政"视域下高校就业育人的概念剖析

高校就业育人既是落实立德树人根本任务的重要形式,也直接服务于学生的成长发展需求和未来职业选择。教师不仅要引导大学生构建正确、科学的求职观、择业观、职业观,还要进一步引导大学生厚植家国情怀、坚定理想信念、形塑道德品质,切实增进对马克思主义的信仰、对共产主义和中国特色社会主义的信念、对党的信任、对人民的忠诚。这就要求高校在进行就业育人时,也要高度重视对大学生进行思想政治教育,引导学生在求职择业时自觉地将"小我"融入祖国的"大我"之中,为国家发展和人民幸福做出应有的贡献。

对此,"大思政"大有可为,更应当大有作为。"大思政"视域下高校就业育人,强调立足"大思政"的视域,从"大思政"的"大"视野出发,研究和考察高校就业育人的问题,准确把握大学生就业服务、职业教育和就业管理的基本方向,全方位挖掘"大思政"中蕴涵的思想政治教育元素并融入高校就业育人,在就业服务的各个阶段、职业教育的各个环节、就业管理的各个步骤均融入"大思政"元素,力争将"大思政"的本质属性和基本要求贯穿于高校就业育人,更高质量地推进就业工作、更高效率地落实立德树人根本任务,在增强就业育人实效的同时,更好地服务于培养可堪民族复兴大任的时代新人、德智体美劳全面发展的社会主义建设者和接班人。

(二)"大思政"与高校就业育人之间的内在关系

"大思政"与高校就业育人并不是各自为政、相互割裂的,而是相互关联、相互作用的。一方面,"大思政"与高校育人之间存在着互构性;另一方面,"大思政"与高校育人之间存在着融通性。正是彼此作用、彼此观照的互构性和融通性,使得"大思政"视域下高校就业育人具备了可能性和现实性。

1."大思政"与高校就业育人的互构性

立足"大思政"视域推进高校就业育人,就要全面挖掘"大思政"内隐的就业育人元素,激活"大思政"包含的就业因子,利用高校就业育人达成"大思政"建设的目标。发挥两者相互构成的作用,既有益于创新大学生生涯教育教学模式,助力大学生生涯教育的系统化、整体化、有效化,也有益于大学生树立正确的职业观、人生观、价值观,引导大学生在个人价值与社会价值的互促互进中寻找结合点,在与祖国发展同向同行中实现个人价值。具体来看,"大思政"与高校就业育人的互构性主要体现在以下三个方面:

一是"大思政"内蕴的理想信念教育,是培养大学生生涯意识的核心。理想信念教育是"大思政"内蕴的重要内容和价值目标,是培养大学生坚定正确的政治取向的关键点,也是锻造大学生科学坚定的政治信念的突破点。而职业生涯意识是大学生从事职业活动的主观条件,是大学生进行职业行为的内在驱动力。理想信念教育是"大思政"的灵魂要旨,通过唤起大学生职业生涯意识的主体性和创新性,有效激发和唤醒大学生的职业生涯意识。在大学求学阶段,树立崇高而远大的个人理想、树立实现个人理想的崇高信念,能够为大学生未来求职成功奠定坚实有力的基本条件。拥有坚定理想信念的大学生,能够以自信自立、积极健康的生活态度,主动作为、积极奉献,融入社会、植根人民,结合自身的实际情况规划自己的生涯目标,致力于实现自己的人生价值。大学生树立坚定崇高的理想信念,对于大学生的人生价值的实现、生涯目标的达成起着重要的助推作用。伴随着就业教育的积极发展,高校迫切需要将理想信念教育有效、有序地融入就业教育,有条不紊地开展好大学生理想信念教育,用马克思主义的科学正确的思想引导大学生,帮助大学生坚定共产主义的远大理想。要把中国梦宣传教育贯穿在大学生成长成才的各方面,切实引导大学生强化"四个自信",把满腔爱国情、报国志转化为报效祖国、服务人民的实际行动。

二是"大思政"内蕴的道德规范教育是培养大学生求职品质的保障。道德规范和道德品质教育是"大思政"内蕴的重要内容。一个人只有具备了良好的道德品质、较强的道德水平、较高的道德素养,才能更好地在社会上立足和生存。加强大学生的道德规范教育,培养大学生拥有较高的社会公德、良好的职业道德、优质的家庭美德、崇高的个人品德等,能够提升大学生自我教育、自我反思、自我提升的能力,从而更加科学、更加切实地规划自己的职业生涯和求职目标,提高大学生职业生涯的规划水平和管理能力。大学生求职的过程必然充满各种各样、形形色色的风险和挑战,对大学生进行道德规范教育,引导大学生逐步完善个人的道德品质,能够帮助大学生逐步树立起正确的道德观、人生观、价值观和就业观,一往无前地行走在充满荆棘的求职路上,以坚韧不拔、持之以恒的品格,以自强不息、冲锋向前的勇气,直面求职过程中可能出现的挫折和失败,从而顺利探寻适合自我的求职之路,成功实现自己的求职目标。

三是就业育人工作的推进是切实完成"大思政"建设任务的重要形式。就业育人不仅要塑造大学生的职业观念、提升大学生的求职素养、锻造大学生的实践能力,更为重要的是将思想政治教育贯穿其中,作为一种隐性的、潜移默化的方式,把不容易为大学生所感知的教育目标和内容贯穿于就业育人实践活动。这就要求就业指导与服务工作部门的教师群体、职业生涯规划课程的专业教师群体、辅导员群体等,充分提升自我的思想道德素质,身体力行、自觉示范,在开展就业指导、就业培训、就业引导的过程中自然而然地帮助大学生坚定理想信念、提升道德素养、厚植爱国情怀。这也是"大思政"建设的应有之义。

2."大思政"与高校就业育人的融通性

"大思政"与高校就业育人具有互构性,呈现出你中有我、我中有你的相互交融状态。更为重要的是,"大思政"与高校就业育人还具有显著的融通性,这是分析"大思政"与高校就业育人的关系时不容忽视的方面。

一是"大思政"与高校就业育人在育人目标上具有融通性。"大思政"致力于实现全员、全方位、全过程的育人合力,致力于实现育人效果的最大化。高校就业育人强调将育人目标贯穿于就业指导、就业引导和就业教育,从大学生成长发展的各个阶段入手,针对大学生成长发展的思想特点和基本规律,有的放矢地开展大学生就业工作,其目标不仅在于帮助大学生顺利就业,提升就业的质量和水平,更重要的是在就业的过程中引导大学生坚定对马克思主义的信仰、对社会主义的信念、对党的信任。换言之,无论是"大思政"建设还是高校就业育人,都离不开育人的问题,所育之人必然是堪当民族复兴大任的时代新人,是能够实现德智体美劳全方位、多方面、多领域发展的社会主义建设者和接班人。这是两者在育人目标上的融通性。

二是"大思政"与高校就业育人在育人内容上具有融通性。"大思政"建设与高校就业育人,一个侧重理论层面,一个侧重实务层面;一个偏重教育引导,一个偏重实践养成。实际上,"大思政"与高校就业育人在育人内容上具有明显的融通性。为了引导大学生不断提升自我、完善自我,提升理论素养和综合能力,更有效地服务人民、献身社会、报效祖国,"大思政"与高校就业育人都将理想信念教育、爱国主义教育、道德品质教育、社会主义核心价值观教育等作为不可或缺的方面抓实抓好。虽然"大思政"建设更加突出思想政治教育,但也离不开对大学生的就业需求的切实观照,必然会将就业心理引导、思想引导等贯穿其中;高校就业育人更加突出就业引导,但也离不开对大学生思想世界和心理世界的观照,必然会有意识地将思想政治教育贯穿其中。因此,从这一点来看,"大思政"建设与高校就业育人在内容上具有融通性。

三是"大思政"与高校就业育人在育人方法上具有融通性。"大思政"采用的方式主要有理论教育法、实践锻炼法、思想引导法等,高校就业育人的过程也会涉及理论讲授、思想引领和实践锤炼。因此,理论教育法、实践锻炼法、思想引导法不仅对于"大思政"是至关重要、必不可少的,对于高校就业育人而言,也是不可或缺的。不能一味地认为"大思政"单纯注重理论宣讲,而轻视实践锻炼;也不能将高校就业育人简单视作日常性、经常化的就业工作,忽视高校就业育人蕴涵的价值倾向、思想导向、目标指向。"大思政"与高校就业育人对于大学生来讲,都涵盖了其在大学期间的各阶段、各环节,从新生入校的入学教育、职业生涯规划教育,到职前的心理疏导教育、思想引导教育、求职能力培养,直至毕业时的就业指导教育等等,"大思政"与高校就业育人都做到了全覆盖。

二、"大思政"视域下高校就业育人的理论溯源

探讨"大思政"视域下高校就业育人,必然要分析其背后的理论基础。具体来说,马克思主义经典作家为"大思政"视域下高校就业育人的理论奠定了基础,中国共产党领导人的相关论述为"大思政"视域下高校就业育人做出了重要理论贡献,有关部门的政策是"大思政"视域下高校就业育人的重要理论依据。

(一)马克思主义经典作家关于就业育人的理论奠基

坚持用马克思主义指导"大思政"视域下高校就业育人,才能确保就业育人的方向不偏、性质不改。关于人的自由而全面发展的学说、关于人的本质的学说以及关于社会主义劳动就业的学说,为"大思政"视域下高校就业育人奠定了重要的理论基础。

1. 关于人的自由而全面发展的学说

马克思主义运用科学性与价值性辩证统一、相互融合的方法,从四个方面对人的发展问题进行了深入思考,最终指向人的自由而全面的发展。一是马克思从自身所处的时代条件出发,对人的发展存在的"异化"情况进行了深入思考和深度批判,在此基础上切中肯綮地分析了无产阶级的生存境遇和未来的发展命运,进而提出了人的自由而全面发展的目标,也就是"代替那存在着阶级和阶级对立的资产阶级旧社会的,将是这样一个联合体,在那里,每个人的自由发展是一切人的自由发展的条件"[①]。二是马克思通过剖析"异化"现象产生的根本原因,深入阐述了人的自由而全面发展的内涵。马克思认为,分工

[①] 中共中央马克思恩格斯列宁斯大林著作编译局.马克思恩格斯选集:第1卷[M].北京:人民出版社,1995:294.

的不断发展和私有制的产生是"异化"之所以发生的根源所在,而人的"异化"状况在资本主义大工业深入发展之后达到了顶峰状态,导致人的片面的、不完全的发展。针对私有制条件下人的片面发展的状况,马克思认为人的自由而全面的发展至少应当包括人的劳动能力、社会关系、自由个性三个方面的全面发展。三是通过分析生产力和生产关系之间的矛盾运动以及人的活动规律,马克思进一步揭示了社会发展规律,提出了实现个人的自由而全面发展与社会的全面进步相一致的理想目标的现实道路。四是通过深入细致地分析人与自然的关系、人与社会的关系,提出了人的全面发展和人类解放的三个历史阶段的理论,即人的依赖关系占统治地位的阶段、物的依赖关系占统治地位的阶段、人的自由和全面发展的阶段。三个阶段层层递进、步步深入,前一个阶段是后一个阶段的前提和基础,后一个阶段是前一个阶段的进一步发展。中国共产党继承并与时俱进地发展了马克思主义关于人的全面发展理论,并赋予这一思想以鲜明的中国特色和时代特色。党的十八大以来,习近平总书记提出以人民为中心的发展思想,强调要坚持人民至上,做到发展为了人民、发展依靠人民、发展成果由人民共享。"大思政"视域下高校就业育人也必须坚持以人为本,从大学生的思想情况和现实需要出发,全面提升大学生的理论素养、思想素质、就业能力,实现大学生的全面发展、全面提升。

2. 关于人的本质的学说

马克思对人的本质有着较为集中且丰富的论述,主要体现在三个方面。

一是认为劳动(自由自觉的活动)即人的本质。马克思在《1844年经济学哲学手稿》中指出:"劳动这种生命活动、这种生产活动本身对人来说不过是满足他的需要即维持肉体生存的需要的手段。"[①]在马克思看来,作为人的生命活动的物质生产劳动实践,与动物的普通生命活动相比,其最根本的区别点就在于:动物只是按照它所属的那个种的尺度和需要来建造,人懂得按照任何一个种的尺度来进行生产,按照美的规律来构造。劳动创造了人本身。

---

① 中共中央马克思恩格斯列宁斯大林著作编译局.马克思恩格斯选集:第1卷[M].北京:人民出版社,1995:46.

二是认为一切社会关系的总和即是人的本质。在《关于费尔巴哈的提纲》中,马克思指出:"人的本质不是单个人所固有的抽象物,在其现实性上,它是一切社会关系的总和。"[①]人们所从事的一切实践活动总是在一定的社会关系中产生和进行的,在人的历史实践过程中形成了人的一切社会关系,包括人与自然之间的关系、人与人之间的关系等。在这些社会关系中,生产关系不仅是最主要的,而且是起决定性作用的关系。在生产关系的基础上逐步形成了政治关系、思想关系等,这些关系从不同方面、不同角度揭示着人的本质。

三是认为人的需要即人的本质。这一观点在《德意志意识形态》中得到阐释。马克思深刻揭示了人的需要是人的内在的本质规定性,是人的全部生命活动的动因和根据,也是人的社会关系产生和发展的根本动因,因为人不能孤零零地隔绝于世界而存在,而是存在于相互交织、相互联系的社会关系之中。各种联系形成的原因,就在于人要追求自身需要的实现。

总的来看,马克思关于人的本质的三个观点是相互影响、相互联系的有机统一体。人们的一切实践活动总是在一定的社会关系中才能正常进行和顺利开展,只有结成了一定的社会关系,人们才能进行正常的社会活动;社会关系又是人们在进行社会实践活动的过程中建立起来的,是人的实践活动的表现形式。离开了人的实践活动,就不可能凭空产生人的社会关系,也不可能满足人的需要;一旦脱离了人的需要,人的实践活动和社会关系都将不复存在。因此,"大思政"视域下高校就业育人的开展,必须高度观照人的本质,从大学生的现实需要出发,厘清大学生所处的社会关系,针对大学生的不同需要进行有针对性的、有目的的教育活动,确保"大思政"视域下高校就业育人落到实处,做得更深入。

3. 关于社会主义劳动就业的学说

关于社会主义劳动就业的学说是列宁在继承和发展马克思关于劳动就业理论的过程中逐步形成的,是在长期革命斗争和社会主义建设进程中逐渐深入和深化的。列宁尤其重视劳动的作用和就业教育的作用,提出了两个方面的重要观点。

---

① 中共中央马克思恩格斯列宁斯大林著作编译局.马克思恩格斯选集:第1卷[M].北京:人民出版社,1995:60.

一是认为就业是社会主义建设的重要基石。列宁认为:"在任何社会主义革命中,当无产阶级夺取政权的任务解决以后,随着剥夺剥夺者及镇压他们反抗的任务大体上和基本上解决,必然要把创造高于资本主义的社会结构的根本任务提到首要地位,这个根本任务就是:提高劳动生产率。"①也就是说,当无产阶级建立起全国统一的政权之后,就要将中心任务从发动人民群众进行武装斗争转变为集中精力进行经济建设,注重发展生产力,提高经济发展的速度和效率。力争取得比资本主义更高的劳动生产率,是无产阶级进行经济建设的首要任务,这一点必须高度重视。

二是就业是民生之本。劳动者能否顺利就业,不仅关系到劳动者本身能否正常生存的问题,也直接关系到劳动者及其家庭的日常生活水平的高低。如果劳动者没有实现成功就业,就无法取得劳动收入,那么最基本的生存也会成为大问题,精神层面的发展和享受就无从谈起。因此,为了帮助劳动者顺利就业,必须加强对劳动者的就业教育,切实提升劳动者的就业能力和就业水平,帮助劳动者掌握就业技能。列宁认为,面对社会主义建设的艰巨任务,无产阶级必须充分重视并不断增强建设社会主义和治理国家的能力和水平。列宁指出:"要使社会主义变革巩固下来,除非我们能发动新的阶级即无产阶级进行管理,做到由无产阶级来管理俄国,做到使这种管理成为全体劳动者个个都来学习管理国家的艺术的过渡,而且不是从书本、报纸、讲演和小册子中学习,而是从实践中学习。"②换言之,要巩固社会主义变革的成果,工人阶级应当充分借鉴、积极学习资产阶级的管理方法,要不断对这些管理方法进行创新,实现从管理方法到管理艺术的有序过渡。

在这些方面,列宁进行了诸多有益尝试,比如创办工厂附属学校,实施职业技术教育;创办工农大学预备班,提高青年工人的知识水平等。这些举措切实提升了劳动者的求职能力和水平,为社会经济发展提供了基本的人力条件和智慧条件。"大思政"视域下高校就业育人,更应该借鉴社会主义劳动就业的

---

① 中共中央马克思恩格斯列宁斯大林著作编译局.列宁选集:第3卷[M].3版.北京:人民出版社,1995:490.

② 列宁.列宁全集:第35卷[M].北京:人民出版社,2017:407.

理论,通过多种方式,利用多种手段,切实提升大学生的职业能力和个人素养,实现顺利就业、充分就业、优质就业。

(二)中国共产党历届领导人关于就业育人的重要论述

中华人民共和国成立以来,以毛泽东、邓小平、江泽民、胡锦涛、习近平为主要代表的中国共产党人,坚持不懈地推进马克思主义中国化,始终不渝地运用马克思主义的世界观和方法论,将马克思主义有关职业教育的相关理论与中国的实际、学生的实际相结合,提出了马克思主义中国化的就业教育理论。这些理论既与马克思主义一脉相承,又呈现出与时俱进的鲜明时代特点,对于抓好就业育人工作、维护社会稳定、推动国家发展,具有重要的理论价值和现实意义。

1. 毛泽东关于就业育人的理论

中华人民共和国刚成立时,历经长时间、大面积战争创伤的中华大地,满目萧条,人民穷困,百废待兴。以毛泽东同志为核心的党的第一代中央领导集体,直面困难、迎难而上,将集中力量恢复国民经济、解决人民生活困难作为首要解决的问题。毛泽东非常重视人民的生活问题,特别是与人民生活息息相关的就业问题。当时的就业问题主要通过就业教育来解决,重点培养和提高劳动人民的就业技能。这一时期,毛泽东围绕如何做好就业教育、怎样推动国民经济发展做出了大量经典论述,形成了毛泽东关于就业育人的理论。

一是提出社会主义普遍就业。毛泽东在《关于正确处理人民内部矛盾的问题》一文中指出,我们必须解决失业问题,基本方针是"统筹兼顾、适当安排"[①]。这一时期,针对城市人口就业问题和农村人口就业的问题,毛泽东有针对性地提出了不同的政策。就城市就业问题来看,毛泽东有的放矢地提出了要"包下来"的政策,通过生产活动的自救自助,切实推动个体经济的发展以及以工代赈等相关政策,对城市失业人员有条不紊地安排相应工作。同时,毛泽东还主张大力扶持失业人员和推动生产活动的恢复,强调必须充分吸纳劳动

---

① 中共中央文献研究室.毛泽东文集:第7卷[M].北京:人民出版社,1999:227.

力就业。对于农村就业问题,毛泽东主张通过改革土地制度,确保"耕者有其田",充分依靠和着力发挥广大农民群众的积极性,确保农民真正做到安居乐业。此时的就业教育主要是强调劳有所得、劳有所获,政府采取一定措施,为劳动者提供和增加相应的岗位,确保劳动者的就业权利真正得到保障。中华人民共和国成立初期所采取的这些举措,促进了国民经济的恢复和发展,有助于社会秩序的安定。解决民生问题,最根本的一条就是必须解决人民的温饱问题,吃饱了、穿暖了,经济恢复并且发展了,人民的生活水平才能稳步提高,社会才能真正实现安全、长期稳定。毛泽东认为,就业问题事关群众的切身利益,事关政权安定,事关整个社会能否稳定发展。我国是社会主义性质的国家,党的宗旨是一切为了人民,因此必须保障人人有工作、人人有事做。总的来说,此时的就业教育相对比较单一,主要目的在于解决人民的温饱问题。

二是制定失业救济制度。毛泽东提出:"必须认真地进行对于失业工人和失业知识分子的救济工作,有步骤地帮助失业者就业"[①],并将帮助失业者有序、充分就业作为国家的重点工作之一。各省市相继成立了失业工人救济委员会,有计划、有步骤、有目的地开展失业登记和失业救济工作,确保失业人员的利益得到保障。鉴于当时的经济状况,各省市从本省、本市的实际经济条件出发,重点鼓励用人单位进行生产自救,通过以工代赈的方式,加大力度发展个体生产、实现自谋职业、鼓励生产自救、推动回乡生产等。各种小型作坊、"手推车"式的流动货郎等小规模、个体化经营形式得到迅速发展,卓有成效地解决了当时的失业问题,保障了新中国成立初期的社会稳定。到1957年底,各地具有劳动能力的失业者大多实现了顺利就业。同时,中央政府严厉打击黑恶势力,以强硬手段取缔了不正当行业,保障了社会公平,维护了社会秩序。总的来看,通过一系列措施,以毛泽东同志为核心的党的第一代领导集体基本上解决了新中国成立以前遗留的失业问题,但那时就业教育的形式单一,以鼓励人民进行生产自救为主。

---

① 中共中央文献研究室.毛泽东文集:第6卷[M].北京:人民出版社,1999:71.

三是实施统包统配制度。从1953年开始,中央建立了高度集中的计划经济体制,提出了统筹兼顾、适当安排的基本就业方针。毛泽东在省市自治区党委书记会议上明确指出:"全国六亿人口,我们统统管着……又比如城市青年,或者进学校,或者到农村去,或者到工厂去,或者到边疆去,总要有个安排。"[①] 1957年,"三大改造"基本完成后,针对大批农村劳动者竞相涌入城市,导致城市需要就业的人口激增的形势,毛泽东认为必须采取有效措施,组织好广大人民群众,有条不紊地开展多种经营形式。这些强有力的举措,促进了经济的恢复和发展。总的来看,这时的就业育人强调要服务社会大局,必须无条件服从国家统一安排。

2. 邓小平关于就业育人的理论

党的十一届三中全会以来,以邓小平同志为核心的党的第二代中央领导集体,以巨大的理论勇气和实践魄力,推动了改革开放伟大进程。自改革开放启动到党的十二大胜利召开,中国共产党团结和带领全国人民从"文革"中胜利走了出来,由此开辟了社会主义现代化建设的崭新局面。我国也实现了从高度集中的计划经济体制到社会主义市场经济体制的顺利转变,就业领域发生了重大变化。邓小平对就业育人进行了新的思考,形成了关于就业育人的理论。

一是发展经济解决就业问题。随着我国经济的不断发展和改革开放的持续深入,原有的国家统包统配的劳动就业政策已经不适应新的就业形势,迫切需要进行改革和调整。基于此,邓小平在《关于经济工作的几点意见》中明确提出:"比如落实政策问题,就业问题,上山下乡知识青年回城市问题,这些都是社会、政治问题,主要还是从经济角度来解决。经济不发展,这些问题永远不能解决。所谓政策,也主要是经济方面的政策……解决这类问题,要想得宽一点,政策上应灵活一点。"[②]继此之后,邓小平又提出:"继续广开门路,主要通过集体经济和个体劳动的多种形式,尽可能多地安排待业人员。"[③]这些论述传递了我国就业问题

---

① 中共中央文献研究室.毛泽东文集:第7卷[M].北京:人民出版社,1999:187.
② 邓小平.邓小平文选:第2卷[M].北京:人民出版社,1994:195-196.
③ 邓小平.邓小平文选:第2卷[M].北京:人民出版社,1994:362.

的性质和重要性，意味着劳动者的就业问题不单单是经济方面的问题，也会演变为社会问题和政治问题。要有效地解决这些问题，最直接的方式就是大力发展经济，换言之，此时的就业育人主要围绕促进经济复苏展开。

二是着力发展第三产业。1992年，邓小平发表南方谈话，提出了"发展才是硬道理"的命题，认为"世界变化的结果，生产越发展，直接从事生产的人越少，从事服务业的人越多。服务行业很多，如种子公司、建筑、修理等，这说明可以有很多办法安置劳动力"①。邓小平非常注重广大农民的就业问题，他强调必须充分调动农民的生产积极性、主动性，要大力发展多种经营形式，不断增加新型乡镇用人单位。把农民群众束缚在小块土地上是没有希望的，乡镇用人单位的发展，有力且有效地解决了占农村剩余劳动力50%的人的出路。以上这些举措，促进了改革开放之初的经济恢复和发展，也在一定程度上拉动了第三产业的发展。总的来说，这时的就业育人主要是为了推动市场经济的快速发展。

三是高度重视教育培训。1985年，邓小平在全国教育工作会议上明确指出："我们国家，国力的强弱，经济发展后劲的大小，越来越取决于劳动者的素质，取决于知识分子的数量和质量……有了人才优势，再加上先进的社会主义制度，我们的目标就有把握达到。"②随着我国经济的恢复和发展，邓小平强调必须提高劳动者的素质，以适应新岗位的需求。因此，要高度重视对劳动者开展生动有序的教育培训，全面提高广大劳动者的职业素质。"我们改造企业，为了保证应有的技术水平、管理水平，要有合格的管理人员和合格的工人……要组织他们学习，对他们进行培训，开拓新的就业领域。要下这个决心。"③在邓小平关于就业育人的理论指引下，我国的就业人数不断增加，失业人数持续减少，就业的力度和程度相应上升，为这一时期我国的体制改革和经济发展营造了良好环境。

---

① 邓小平.邓小平文选:第3卷[M].北京:人民出版社,1994:130.
② 邓小平.邓小平文选:第3卷[M].北京:人民出版社,1994:120.
③ 邓小平.邓小平文选:第2卷[M].北京:人民出版社,1994:130.

3. 江泽民关于就业育人的理论

随着改革开放的深入推进,我国经济发展产生了一些新的变化,也带来了一些新的就业问题。江泽民提出了关于就业育人的重要论述,强调要全方位提升劳动者的就业技能,要关注下岗职工,为他们的再就业提供技能培训。

一是就业是民生之本。江泽民在2002年召开的全国再就业工作会议上指出:"就业问题解决得如何,是衡量一个执政党、一个政府的执政水平和治国水平的重要标志。"[①]"做好下岗失业人员的再就业工作,就是当前党和国家工作中一项重大而紧迫的当务之急。对此,全党同志必须有足够的认识,加紧工作,并有针对性地采取一些政策措施。"[②]在庆祝建党80周年的讲话中,他明确指出:"只有把关心群众、服务群众的工作切实做好了,我们才能始终保持同人民群众的血肉联系,才能无往而不胜。"[③]这些都强调了中国共产党一切为了人民、服务人民的宗旨意识。值得一提的是,这时的就业育人尤其重视就业作为民生之本的至关重要地位。

二是解决下岗职工再就业问题。随着改革开放的不断深入,国有用人单位改革成为大势所趋,下岗职工的再就业问题也日趋突显,成为当时社会所关注的热点议题。如何妥善安置下岗职工,确保他们的生活不受影响,帮助他们成功实现再就业,不仅关系到下岗职工本人及其家庭的生活,更关系到社会的长期安定。1997年1月,江泽民在北京考察国有企业看望职工时明确指出:"在企业改革和结构调整过程中,要高度重视并解决好困难企业职工生活和下岗待业职工的安置问题,这不仅关系改革、发展、稳定的大局,也是我们党全心全意为人民服务的宗旨所要求的。"[④]搞好国企的减员增效,确保下岗职工的基本生活得到保障,推进下岗职工的再就业工作,不仅是一项重大经济问题,更是重大社会问题和重大政治问题。只有广辟门路,才能建立起全方位、多层

---

① 江泽民.江泽民文选:第3卷[M].北京:人民出版社,2006:506-507.
② 江泽民.江泽民文选:第3卷[M].北京:人民出版社,2006:508.
③ 江泽民.江泽民文选:第3卷[M].北京:人民出版社,2006:280.
④ 刘振英,何平,何加正,等.江泽民在京考察国有企业看望职工[N].人民日报,1997-01-17(1).

次、宽领域的再就业格局。从根本上讲,这些举措都是为了减轻国有企业的用人负担,帮助下岗职工从一个岗位顺利转移到另一个岗位,实现顺利再就业。

三是建立市场调节就业为基础、政府促进就业为动力的就业体制。江泽民指出:"从长远来看,我们要逐步加快培育和发展劳动力市场,完善就业服务体系,建立以劳动者自主就业为主导、以市场调节就业为基础、以政府促进就业为动力的就业机制。"[①]"通过促进再就业解决下岗失业人员的根本出路,通过完善社会保障体系为深化改革和扩大就业提供保障。"[②]换言之,搞好劳动力的就业工作,不仅需要充分发挥市场调节机制的作用,也离不开政府的宏观调控。

4. 胡锦涛关于就业育人的理论

随着社会主义市场经济的稳步推进和快速发展,胡锦涛围绕新时期如何做好就业工作提出了一系列新的理念和新的思路,形成了胡锦涛关于就业育人的理论。

一是以人为本的就业育人观。胡锦涛在党的十六大上明确提出要坚持以人为本,树立全面、协调、可持续的发展观,也就是强调人民群众的主体地位。在党的十七大上,胡锦涛又强调科学发展观的核心是以人为本。在此之后,胡锦涛在多个场合、多次会议上都强调要把以人为本上升为我国就业育人的指导思想,突出人民的主人翁地位,将持续不断地扩大就业提升到与经济发展并举的战略高度。2008年1月1日,我国就业领域的第一部基本法律——《中华人民共和国就业促进法》正式启动实施。这部法律堪称一部民生之法,确定了就业在经济社会发展全局中不可或缺、至关重要的战略地位。通过法律形式和法律手段将就业再就业政策相对固定下来,也就是从法律体系上明确了促进就业的政策体系和长效机制。总的来看,胡锦涛从社会全局来思考如何实现充分就业、如何实现完全就业,在就业教育工作中屡屡强调必须以人为本,从人民群众的利益和需要着手,反映的是全体民众的根本利益。

---

① 江泽民.江泽民文选:第3卷[M].北京:人民出版社,2006:510.
② 江泽民.江泽民文选:第3卷[M].北京:人民出版社,2006:512.

二是实施扩大就业发展战略。2003年,胡锦涛在全国再就业工作座谈会上明确强调,必须实施经济发展和扩大就业并举的发展战略,首次将扩大就业上升到与经济发展并举的高度加以对待,彰显了扩大就业的至关重要性。社会主义发展经济的根本目的,不在于经济本身,而是为了切实维护广大人民的切身利益。胡锦涛指出:"只有实现又快又好的发展,我们才能更好地促进经济社会协调发展,才能形成更完善的分配关系和社会保障体系,才能创造更多就业机会,才能不断满足人民群众多方面的需求。"[1]就业问题是人民群众的切身利益问题,如果这一问题得不到有效解决,不仅会影响群众的自身利益、家庭利益,还会危及社会稳定和经济发展。因此,这时的就业育人强调必须实施更加积极、更加有效的就业政策,促进劳动人民充分就业,达到维护人民群众根本利益的目的。

三是健全职业教育培训制度。胡锦涛在党的十七大报告中指出:"健全面向全体劳动者的职业教育培训制度,加强农村富余劳动力转移就业培训。建立统一规范的人力资源市场,形成城乡劳动者平等就业的制度。完善面向所有困难群众的就业援助制度,及时帮助零就业家庭解决就业困难。"[2]为了适应经济社会的发展情况,确实有必要建立健全面向全体劳动者的职业技能培训制度,加强对劳动者的创业培训和再就业培训。通过全方位整合和协调各方面的培训资源,着力完善培训制度,确保每一位劳动者都能接受技能培训。在其中,尤其是要加强对愿意创业、敢于创业人员的职业技能培训,加强对国有企业下岗人员的再就业培训和教育,全方位提升我国劳动者的技能素质。

5. 习近平有关就业育人的理论

党的十八大以来,习近平总书记以敏锐的战略眼光、高超的理论智慧和卓越的管理才能,对新时代就业育人作出了系列重要论述,提出了系列指示要

---

[1] 胡锦涛.在省部级主要领导干部提高构建社会主义和谐社会能力专题研讨班上的讲话[N].人民日报,2005-06-27(1).
[2] 胡锦涛.高举中国特色社会主义伟大旗帜 为夺取全面建设小康社会新胜利而奋斗——在中国共产党第十七次全国代表大会上的报告[N].人民日报,2007-10-25(1).

求,指明了推进新时代就业育人工作的基本遵循。

一是坚持就业优先发展战略。党的二十大报告提出实施就业优先战略,是巩固我们党执政基础的必然要求,是推进经济高质量发展的题中之义,是保障和改善民生的根本举措。2018年,习近平总书记在中央政治局会议上明确提出:"进一步稳就业、稳金融、稳外贸、稳外资、稳投资、稳预期,提振市场信心,提高人民群众获得感、幸福感、安全感。"[1]可见,"稳就业"是居于第一位的。在2020年召开的中共中央政治局会议上,习近平总书记又切中肯綮地提出了"六保"任务,即保居民就业、保基本民生、保市场主体、保粮食能源安全、保产业链供应链稳定、保基层运转,保居民就业仍然处于第一位。支撑就业的基础是经济,经济稳定,就业也就相对稳定。2021年,习近平总书记在中央经济工作会议上提出:"要在推动高质量发展中强化就业优先导向。就业是民生之本。"[2]2022年,在宜宾学院考察调研时,习近平总书记强调:"党中央高度重视高校毕业生就业,采取了一系列政策措施。当前正是高校毕业生就业的关键阶段,要进一步挖掘岗位资源,做实做细就业指导服务,学校、企业和有关部门要抓好学生就业签约落实工作,尤其要把脱贫家庭、低保家庭、零就业家庭以及有残疾、较长时间未就业的高校毕业生作为重点帮扶对象。"[3]要想稳步促进经济增长,就必须千方百计促进就业;要稳定就业,就必须采取各种方式确保经济中高速增长,两者是互促互进的关系。2023年6月,习近平总书记在内蒙古考察时再次强调:"要全面落实就业优先政策,把推动实现更加充分更高质量的就业摆在突出位置,完善政策体系,强化培训服务,精准有效实施减负稳岗扩就业各项政策支持多渠道灵活就业,重点抓好高校毕业生、退役军人、农民工等群体就业。"[4]从这些论述中可见,习近平总书记一贯将稳就业放在至

---

[1] 中共中央党史和文献研究院.十九大以来重要文献选编(上)[M].北京:中央文献出版社,2019:845-846.

[2] 习近平.习近平著作选读:第2卷[M].北京:人民出版社,2023:575.

[3] 申宏,李学仁,李刚.深入贯彻新发展理念主动融入新发展格局 在新的征程上奋力谱写四川发展新篇章[N].人民日报,2022-06-10(1).

[4] 谢环驰.把握战略定位坚持绿色发展 奋力书写中国式现代化内蒙古新篇章[N].人民日报,2023-06-09(1).

关重要的位置,强调要综合施策、综合管理,持续不断地拓宽就业空间,强化就业的教育保障,将更多力量、更多精力放在重点地区,确保就业形势的总体稳定和良好态势。就业问题是最大的民生,习近平总书记把稳就业放在突出位置,强调新时代就业育人必须以稳就业为基本目标,这也体现了新时代我国经济、社会发展的新要求和新期待。

二是坚持以创业带动就业。习近平总书记强调:"创新是社会进步的灵魂,创业是推动经济社会发展、改善民生的重要途径。"①随着我国经济发展逐渐进入新常态,以习近平同志为核心的党中央作出了大众创业、万众创新的战略部署,强调要着力开展大众创业、万众创新教育,催生了经济社会发展的新动能,拓展了就业渠道,很大程度上激发了全社会创新潜能。党的十八大以来,习近平总书记在各种场合强调以创业带动就业的重要意义。2014年12月,习近平总书记在中央经济工作会议上提出:"更好发挥市场在促进就业中的作用,鼓励创业带动就业。"②2019年,习近平总书记在两会期间参加福建代表团审议时强调:"要坚持问题导向,解放思想,通过全面深化改革开放,给创新创业创造以更好的环境,着力解决影响创新创业创造的突出体制机制问题,营造鼓励创新创业创造的社会氛围。"③创新创业对于青年来说具有独特的意义。习近平总书记在给第三届中国"互联网+"大学生创新创业大赛"青年红色筑梦之旅"的大学生的回信中,寄语大学生"在创新创业中增长智慧才干,在艰苦奋斗中锤炼意志品质,在亿万人民为实现中国梦而进行的伟大奋斗中实现人生价值"④,进一步强调了创新创业的重要意义。为此,必须进一步增强创新意识,增强抓住机遇、借势创新的能力。随着形势的变化发展,要注重贴近时代、与时俱进,强化创新意识、提升创新本领。抓创新也就是抓发展、谋创新也就是谋未来,不创新就意味着落后、意味着掉队、意味着落伍。因此,必须从理论、制度、科技、文化等维度入手,既要推进理论创

---

① 习近平.论党的青年工作[M].北京:中央文献出版社,2022:49.
② 中共中央文献研究室.习近平关于社会主义社会建设论述摘编[M].北京:中央文献出版社,2017:69.
③ 本报评论员.向改革开放要动力[N].光明日报,2019-03-11(1).
④ 习近平总书记给第三届中国"互联网+"大学生创新创业大赛"青年红色筑梦之旅"的大学生的回信[N].人民日报,2017-08-16(1).

新,确保马克思主义中国化理论常研常新、常谈常新、常耕常新;也要推进制度创新,推动形成促进创新的体制架构,塑造更多依靠创新驱动、更多发挥先发优势的引领型发展,形成科学合理的管理体制以及多元化的投入机制和市场化的运作机制;还要推进科技创新,科学技术是推动产业发展的核心竞争力,谁用心、用力下好了科技创新这步先手棋,谁就能占领先机、赢得战略优势;更要专心致志地推进文化创新,用先进的、科学的、繁荣的文化全面巩固党的执政基础。着力弘扬和培育以爱国主义为核心的民族精神、以改革创新为核心的时代精神,牢牢抓准社会主义文化建设的内在动力,以改革创新精神和一往无前的勇气冲破一切束缚文化发展的思想观念。面对新一轮的科技革命大潮,只有站在创业的制胜点,才能强化和提升我国的竞争力和影响力。目前,我国经济总量已跃居世界第二,但在高精尖方面仍然存在大而不强、大而不优的现状,只有坚持不懈地创新思维方式、创新行为方式和创新发展方式,才能推动我国经济更高质量更高效率地发展。

三是鼓励青年在扎根基层、服务人民、奉献社会中实现人生价值。党的十八大以来,习近平总书记在和青年的书信互动中发表了众多关于青年择业、就业与实现自身价值等方面的重要论述,如2020年2月给在首钢医院实习的西藏大学医学院学生的回信、2020年6月给复旦大学青年师生党员的回信、2021年6月给陆军步兵学院2022届全体学员的回信、2022年5月给南京大学留学归国的青年学者的回信,等等。这些回信涉及的对象面广,包括战士官兵、学生、科技工作者等众多青年群体,回信的谆谆话语为青年扎根社会、服务人民,在奉献社会中实现自身价值指明前进的方向。"心有所信,方能行远。"[1]这是习近平总书记在给复旦大学《共产党宣言》展示馆党员志愿服务队全体队员的回信中提出的,要求青年在学思践悟中坚定理想信念,在奋发有为中践行初心使命,为青年实现自身价值提供了根本遵循。2022年6月在宜宾学院考察调研时,习近平总书记寄语高校毕业生:"幸福生活是靠劳动创造的,大家要保持

---

[1] 在学思践悟中坚定理想信念 在奋发有为中践行初心使命[N].人民日报,2020-07-01(1).

平实之心,客观看待个人条件和社会需求,从实际出发选择职业和工作岗位,热爱劳动,脚踏实地,在实践中一步步成长起来。"①在心有所信、仰望星空的同时,更要脚踏实地,从实际出发。推进中国式现代化,需要青年的力量。习近平总书记勉励青年要将小我融入社会的大我,将个人的发展融入社会的进步,有所成就,有所奉献,不断实现自身价值。

三、"大思政"视域下高校就业育人的价值意蕴

"大思政"视域下的高校就业育人,侧重从"大思政"建设和实施的视野出发来考量如何加强就业育人的问题,具有重要的价值和意义,既是培养新时代好青年的重要环节,又是促进高质量充分就业的关键举措,也是强化中国式现代化建设的人才保障。

(一)培育新时代好青年的重要环节

习近平总书记在党的二十大报告中寄语广大青年"立志做有理想、敢担当、能吃苦、肯奋斗的新时代好青年"。②这是党和国家对青年一代的殷切期望,为新时代中国青年树立了时代标准,描摹了时代肖像。同时,国内外环境发生了深刻变化,尤其是多元思想文化交流、交融、交锋日益激烈,享乐主义、拜金主义、极端个人主义盛行,极大地影响着青年一代的理想信念和坚定意志,为育人工作带来一系列艰巨挑战。因此,进一步推动落实立德树人根本任务、增强育人实效成为培育新时代好青年的关键。培育新时代好青年是一项培根铸魂工程,具有系统性和长期性,贯穿于大学生成长的各阶段与各方面。

就业是大学生成长成才的重要一环,对于青年能力的提升、品行的锤炼、知识的扩展、意志的养成具有关键意义,是培育新时代好青年的必经环节,主要体现在以下方面:

---

① 申宏,李学仁,李刚.深入贯彻新发展理念主动融入新发展格局 在新的征程上奋力谱写四川发展新篇章[N].人民日报,2022-06-10(1).
② 习近平.高举中国特色社会主义伟大旗帜 为全面建设社会主义现代化国家而团结奋斗——在中国共产党第二十次全国代表大会上的报告[M].北京:人民出版社,2022:71.

一是助力培养砥砺奋发的时代青年。高校是人才培养的主要基地和重要摇篮,肩负着为党育人、为国育才的宏大使命。高校就业育人工作的关键不仅在于帮助广大大学生就业择业、解决生计,更重要的是引导他们树立正确的就业价值导向,规划人生航向,标记事业方向。党的十九届六中全会通过的《中共中央关于党的百年奋斗重大成就和历史经验的决议》中明确指出:"党和人民事业发展需要一代代中国共产党人接续奋斗,必须抓好后继有人这个根本大计。"[1]培养砥砺奋发的时代青年是实现中华民族伟大复兴中国梦的必然要求,同时也是青年人勇担历史责任的前进方向。"大思政"视域下高校就业育人致力于全员、全过程、全方位育人,注重融汇育人主体、联通育人阶段、完善育人环节,在各阶段的育人工作中注入就业因子,将培养时代新人的历史任务融入职业生涯教育的目标之中,不断形塑胸怀理想信念、练就过硬本领、聚力砥砺前行的时代新人,提升就业育人的工作实效。

二是助力塑造笃行不怠的担当先锋。青年兴则国家兴,青年强则国家强。"青年一代有理想、有本领、有担当,国家就有前途、民族就有希望。"[2]在就业服务的各阶段、在职业生涯教育的各环节、在就业管理的各步骤,都要重视引导青年大学生养成正确的就业观,把担当精神和笃行不怠的生动实践融入就业育人的总体格局之中,不断引导青年学子到基层一线奋斗,展现担当精神。青年以什么样的心态和抱负就业,直接关系到未来社会的发展。要鼓励青年学子到基层和人民中去建功立业,把基层实践作为最好的课堂,大胆去经风雨、见世面、壮筋骨、长才干、做贡献,让青春之花绽放在祖国最需要的地方,在求职就业过程中胸怀忧国忧民之心、爱国爱民之情,找准人生的定位和方向。

三是助力铸就扎根人民的青年楷模。在择业就业以及未来的职业生涯发展过程中,青年学子都应该将为中国人民谋幸福、为中华民族谋复兴作为自己的使命,向下扎根汲取奋进力量、向上生长成就价值人生,树立崇高理想,保持艰苦奋斗的作风,以实际行动成为扎根人民的青年楷模。所以,提出"大思政"

---

[1] 中共中央关于党的百年奋斗重大成就和历史经验的决议[M].北京:人民出版社,2021:74.

[2] 习近平.论党的青年工作[M].北京:中央文献出版社,2022:225.

下高校就业育人这个命题,不仅是解决就业问题的需要,也是培育新时代好青年的需要。就业育人是加强和改进高校思想政治工作的新探索[①],是落实立德树人根本任务的必然选择。高校就业育人向"大思政"要活力,将"大思政"的基本要求贯穿于整个体系,不仅能引导青年学子构建科学的求职观、择业观、职业观,还能进一步引导青年学子厚植家国情怀、坚定理想信念、形塑道德品质,切实增进对马克思主义的崇高信仰、对共产主义和中国特色社会主义的坚定信念、对党的高度信任、对人民的无比忠诚,成为有理想、敢担当、能吃苦、肯奋斗的新时代好青年。

(二)促进高质量充分就业的关键举措

近年来,随着经济发展方式的转变,我国就业格局也发生了改变。面对就业市场的客观变化,部分学生缺乏就业能力,"慢就业""懒就业"甚至"不就业"现象突出。这些现象成为实现高质量就业的难点,也是研究"大思政"视域下高校就业育人的重点。从"大思政"视域探讨高校就业育人,要重点回应并深入贯彻党的教育方针,着力回答高校为什么育人、怎样育人、育什么样的人的问题,扭转以往对高校就业工作的片面化、狭隘化的认识。高校就业育人不仅在于帮助广大青年就业择业、解决生计,更重要的是促进社会整体就业格局良性循环,推动高质量就业。要充分通过就业育人赋能高质量就业,实现个人与社会的进阶式发展。"大思政"视域下高校就业育人的价值体现在以下方面:

第一,它是把握个体就业禀赋差异的重要举措。实现高质量充分就业的前提在于每个个体都能在工作岗位上发挥自己最大的潜力和专长,做到有所攻、有所长,在就业过程中发挥最大价值。这就要求"大思政"视域下高校就业育人要根据社会发展需要和时代发展需求,在开展日常化的就业指导、常态化的就业工作过程中,分析和挖掘大学生就业能力和潜力,抓好个体就业禀赋差异,有针对性地进行就业指导。换言之,在开展日常化的就业指导、常态化的就业工作过程中,分析青年学子在不同阶段的思想特点、个性倾向、现实需要,

---

① 杨晓慧.就业育人:时代价值、内涵意蕴与实践进路[J].中国大学生就业,2022(17).

把握职业价值观、职业兴趣、职业能力以及职业性格的个体差异,有针对性地进行就业指导和思想引导,实现动态化、长效化、阶段化的就业育人,为最终助推个体走向高质量就业奠定基础。

第二,它是促进就业供需适配的关键之策。詹姆斯·斯图亚特在《政治经济学原理研究》中提出了供给与需求理论,以此描绘消费者与市场的供给、需求问题。从就业层面来看,供需匹配也是就业中应该充分考虑的问题。当前就业市场面临供求不匹配、供求错位等困境。一方面,优质就业岗位招工难,无法招聘到心仪的就业者;另一方面,大量就业岗位供不应求,应聘者呈现出趋之若鹜的状态。这反映出就业结构性比例失调与人才培育和就业需求对接失调。高校就业育人有助于实现就业供需适配,使教育培养模式与社会发展需要相对接,实现工作岗位需要与社会实际需求相匹配,彰显就业育人的有效性和时效性,促进就业结构协调发展,为高质量就业营造良好社会环境。

第三,它是实现高质量充分就业的必然选择。习近平总书记在党的十九届四中全会上提出"健全有利于更充分更高质量就业的促进机制"[①],党的十九届五中全会又提出要"实施就业优先政策,推动实现更加充分、更高质量就业"[②],凸显更充分更高质量就业政策的重要性与必要性。思政课与课程思政要同向同行、齐头并进,根据社会发展需求,帮助青年学子树立职业理想、制订职业规划、提升就业能力,这是实现高质量充分就业的必然选择。

(三)强化中国式现代化建设的人才保障

从"大思政"视域探讨就业育人,就是要培养中国式现代化建设人才。党的二十大报告强调以中国式现代化全面推进中华民族伟大复兴,提出坚持人才是第一资源,深入实施人才强国战略,阐释了人才对于中国式现代化建设的关键意义。就业是人才承接历史使命的行动前提,就业育人对于强化中国式

---

① 《图解十九届四中全会精神》编写组.图解十九届四中全会精神[M].北京:人民出版社,2019:123.
② 中共中央关于党的百年奋斗重大成就和历史经验的决议[M].北京:人民出版社,2021:49.

现代化建设的人才支撑具有重要作用,具体表现在:

一是补齐新时代人才工作短板。我国人才队伍虽然体量大,但存在高精尖人才数量缺乏、人才体制机制改革还需大力推进等矛盾。为此,"大思政"视域下高校就业育人要对标人才工作短板,根据社会发展需要,引导广大青年争当经济高质量发展的积极推动者、社会主义民主政治建设的积极参与者、社会主义文化繁荣兴盛的积极创造者、社会文明进步的积极实践者、美丽中国的积极建设者。

二是赋能人才资源大国建设。当前,我国人才规模快速壮大,人才素质大幅提升,人才开发和创新投入持续增加,人才效能稳步增强。从脱贫攻坚的一线到疫情防控的战场,从科技创新的前沿到区域协调发展的实践,处处都闪耀着人才的身影,凝结着人才的智慧和汗水。一支规模宏大、素质优良、梯次合理、作用突出的人才队伍加速集结。立足于"大思政"来研究高校就业育人,是为了全面挖掘"大思政"格局中蕴涵的就业元素,通过"大思政"与就业育人相结合,进一步巩固人才资源大国战略成果,持续推进人才发展。

三是聚力实现人才培养目标。需求引领发展,方向决定未来。当前及今后一段时期,"大思政"视域下就业育人要进一步锚定国家经济发展的重点、聚焦科研攻关领域的难点、关注人民生活需求的热点,不断提升对人才培养的规律性认识,推动就业工作取得新的变革。一方面,要面向世界科技前沿,加快培育科技领军人才,抢占科技创新制高点;另一方面,要面向经济主战场,把就业育人与经济社会发展紧密结合起来,推动人才到经济主战场建立功业。要面向国家重大需求,聚焦国家战略和区域发展需求,以需求为导向科学培育人才,为国家发展提供深厚的科技支持和人才支撑,实现人才培养目标。

总体而言,"大思政"视域下高校就业育人将育才和育德相结合,能在人才培养过程中对学生的道德观念、理想信念、价值理念、综合能力、职业素养和生涯发展能力等方面发挥积极作用,引导青年学子认识新时代、适应新时代、把握新时代,以就业创业的实际行动践行习近平新时代中国特色社会主义思想,在个人与社会的统一中实现人生价值,从而为中国式现代化建设做出贡献。

第二章

"大思政"视域下高校就业育人的现实审视

习近平总书记强调:"思政课的本质是讲道理,要注重方式方法,把道理讲深、讲透、讲活,老师要用心教,学生要用心悟,达到沟通心灵、启智润心、激扬斗志。"[①]就业育人作为讲好"大思政"的现实场域,在中国特色社会主义新时代的现实背景下,围绕立德树人根本任务,立足培养堪当民族复兴重任的时代新人,把握新时代大学生就业思想脉搏,把就业的"道理"讲深讲透讲活、入脑入心入行,达到引领大学生铸强理想信念、塑造思想观念、激发奋斗精神、锤炼干事本领、投身强国建设的育人成效,既有着重要的时代机遇,又面临艰巨的现实挑战。

一、"大思政"视域下高校就业育人的重要机遇

新时代孕育新机遇。党的十九大报告作出中国特色社会主义进入了新时代的重大判断,中国发展进入了新的历史方位。新时代承前启后、继往开来,为当下青年大学生的成长成才赋予了新使命、提出了新要求、展现了新舞台,也昭示着新时代背景下青年大学生就业的新矛盾、新特性、新需要。就业是青年大学生承接历史使命的行动前提,基于就业的就业育人必须立足新时代、瞄准新方位、开拓新视野,从关注高校毕业生就业的新矛盾、新动向、新问题出发,引导大学生认识新时代、适应新时代、把握新时代,以就业创业的实际行动,主动践行习近平新时代中国特色社会主义思想,在个人与社会的统一中实现人生价值,扛起中华民族伟大复兴的重任。新时代育人的新要求为就业育人创设了新命题、确立了新定位、创造了新机遇。

(一)国家就业政策创造有利条件

就业政策和就业形势教育是就业育人的核心内容,引领高校毕业生在全面认识就业形势和准确把握就业政策的基础上,将个人价值追求与党和国家

---

① 坚持党的领导传承红色基因扎根中国大地 走出一条建设中国特色世界一流大学新路[N].人民日报,2022-04-26(1).

要求结合起来,将个人成长成才与经济社会发展统一起来,将个人的就业择业与就业政策、就业形势同频共振,达到坚定理想信念、端正就业观念、找准发展定位、积极就业择业。随着高校毕业生就业形势的变化,党和国家在促进高校毕业生就业领域有针对性地出台了一系列政策。就业的宏观政策不断向高校毕业生聚焦,微观政策不断丰富细化,对加强高校毕业生就业工作的要求不断明确,为就业育人高质量开展创造了有利条件。

1. 就业宏观政策透射发展新形势

就业宏观政策是党中央、国务院面对国家经济社会发展的新情况、新问题、新矛盾作出的稳定和扩大就业的重大决策,反映了就业形势的重要变化和对就业形势的准确判断,具有鲜明的现实针对性和导向性。习近平总书记明确指出:"就业是最大的民生。要坚持就业优先战略和积极就业政策,实现更高质量和更充分就业。"[1]高校毕业生要实现充分就业,迈向更加充分更高质量就业的新追求,就必须认识并了解国家就业政策。国家的就业宏观政策经历了由经济增长高目标拉动就业比例上升,到不断充实具体的稳就业扩就业政策、丰富政策工具,再到将稳定和扩大就业放到更加优先位置、纳入宏观经济政策统筹发展的演变,包括从就业优先战略到就业优先政策的转变,反映了我国经济由高速发展转向高质量发展、产业结构转型升级、传统人口红利逐渐消失、新产业新模式不断涌现、人力资源结构和劳动力市场快速变革等就业形势的剧烈变化。这些政策对不同时期的高校毕业生就业产生了重要影响,是就业育人的核心内容。

2. 就业扶持政策蕴含前进新方向

针对不同时期的就业新动向、新问题、新矛盾,以及新产业、新业态、新模式形成的人力资源新需求,党和国家适时推出系列具体举措,将就业宏观政策细化实化落地,推进稳定和扩大就业,为相关市场主体和劳动力群体创造新的

---

[1] 习近平.决胜全面建成小康社会 夺取新时代中国特色社会主义伟大胜利——在中国共产党第十九次全国代表大会上的报告[N].人民日报,2017-10-28(3).

发展契机，创造新的前进方向。伴随20世纪90年代后期开始的高校毕业生就业制度由"统包统分"到"自主择业，双向选择"的改革和高校持续扩招，高校毕业生规模不断扩大。为稳定和扩大高校毕业生就业，国家陆续出台扶持毕业生就业的政策举措。进入21世纪，我国高等教育规模快速扩大，2003年毛入学率达到15%，高等教育由精英教育阶段迈入大众化阶段；2019年毛入学率超过50%，高等教育进一步迈向普及化阶段，高校毕业生逐渐成为新增劳动力大军的主力。据人力资源和社会保障部的数据，2022年全国新增城镇劳动力1600万人左右，其中高校毕业生1076万人，解决高校毕业生就业问题已成为全国就业领域的突出矛盾。2008年之后，全球金融危机冲击与高校扩招后毕业生大规模进入劳动力市场叠加，高校毕业生就业问题开始凸显，出现"大学生就业难"问题。随后的十余年间，高校毕业生规模持续扩大、经济增长逐步进入新常态，产业结构调整不断深化。多重因素叠加下，高校毕业生就业形势更加严峻。

伴随高校毕业生就业困难问题的突出，国家促进高校毕业生就业的政策举措不断增加，力度不断加大，为稳定和扩大高校毕业生就业基本盘发挥了重要作用。一是着力扶持吸纳就业能力强的现代服务业、战略性新兴产业、劳动密集型企业和小型微型企业；二是推动"大众创新，万众创业"，掀起创新创业新态势，以创新创业带动就业；三是推进基层就业，先后推出"西部计划""特岗计划""三支一扶"等国家和地方基层就业项目，拓展大学生参军入伍、挖掘社区街道岗位、扩大国际组织任职等新就业渠道；四是扩增公共部门岗位，扩大机关事业单位招录规模，开发科研助理岗位、基层法官检察官助理岗位；五是扩增应用型人才培养，推动部分高校转型，大规模开展职业能力培训；六是支持灵活就业，加强灵活就业权益保障；七是推动就业见习，大力建设见习实践基地；八是搭建招聘平台，推动高校建设校园招聘市场，省级教育和人社部门建设公共招聘市场，全国建设线上大市场；九是提升就业困难帮扶，加大帮扶力度；等等。一项项就业扶持政策，尤其是促进高校毕业生就业的政策措施持续出台，既充分体现了党和国家对高校毕业生的深切关怀，实实在在为高校毕业生创造了更多就业新机会、更多职业发展新途径,大幅拓宽了高校毕业生成就人生价值的前进方向;也为就业育人不断注入新内容、拓展新视野、增添新活力,鞭策就业育人工作深入推进。

3. 就业工作政策酝酿育人新动能

高校毕业生就业工作在党中央、国务院决策部署的统领下,教育部统筹、省级教育行政部门主抓、高校落实,形成了高校毕业生就业工作的政策体系,为就业工作有效开展提供了遵循。按照党中央、国务院及教育部等相关部委的部署和高校的实践,高校毕业生就业工作大体上可归纳为就业教育、就业指导、就业服务、就业管理、工作考核等方面。就业工作各方面、各环节都紧贴大学生成长成才过程和切身发展需要,蕴含着丰富的育人元素和重要的育人功能。

自高校毕业生就业制度改革以来,党中央、国务院印发了有关做好普通高等学校毕业生就业工作的通知、意见等规范性文件10余件,教育部印发了关于做好普通高等学校毕业生就业工作的通知、意见、规定等文件60余件,对高校毕业生就业工作进行了全方位的安排。一是将高校毕业生就业工作确立为"一把手工程",要求高校把毕业生就业工作放在突出位置来抓;二是强调毕业生就业工作是人才培养的重要环节,要求高校将毕业生就业工作纳入人才培养体系,建立"招生、培养、就业"联动机制;三是强化毕业生就业工作保障,要求高校保证毕业生就业工作机构、人员、场地、经费"四到位";四是加强就业教育,要求开设就业指导、职业发展规划、创新创业教育等课程,加强毕业生成才观、职业观和就业择业观教育;五是重视就业指导,要求拓展校内外资源,加强毕业生就业准备、信息收集、应聘技能指导,引导毕业生到基层、到国家最需要的地方建功立业;六是突出就业服务,要求为毕业生就业拓展新渠道、新岗位,加大毕业生推荐力度,大力组织招聘会,建设校园招聘市场;七是加强就业管理,要求做好毕业生就业登记、监测、派遣工作;八是重视工作考核激励,建立就业工作成效考核激励机制;等等。这些部署为高校健全就业工作体系,完善工作机制,夯实工作力量,全方位做好毕业生就业工作发挥了重要作用。

高校毕业生就业工作在促进毕业生就业的过程中,始终发挥着教育人、培养人的作用。在当前全国高校大力贯彻落实"三全育人"理念、构建"三全育人"格局的实践中,毕业生就业工作要发挥独特优势向育人聚焦,将党和国家对高校毕业生就业工作的要求转化为就业育人动力,在就业工作政策中提炼育人元素,在就业工作实践中挖掘育人方法,在就业工作各环节突出育人功能,为形成"三全育人"格局贡献力量。

(二)高校就业工作奠定坚实基础

《教育部关于做好2021届全国普通高校毕业生就业创业工作的通知》(教学〔2020〕5号)要求强化就业育人实效,把毕业生就业作为立德树人的重要环节,作为"三全育人"的重要内容,不断健全"就业思政"工作体系。高校毕业生就业工作历经长期发展,尤其是近二十年的改革创新,已经建立起面向学生全学程和成长各环节的工作机制,形成了全学程、全链条、多维度的工作体系,为就业工作向就业育人聚焦、推进就业育人走深走实奠定了坚实基础。

1. 就业工作体制机制奠定了组织基础

经过多年发展,按照教育部关于毕业生就业工作的系列要求,各高校基本建立了校、院两级就业工作运行体制,和学校统筹、学院主体、校院协同的就业工作机制。例如,西南大学确立了以下就业工作体制机制:

一是健全机构。学校按照教育部就业工作"四到位"要求,落实就业工作"一把手工程",校级成立以校长为组长的毕业生就业工作领导小组,院(部)级成立由学院(部)书记、院长任组长的毕业生就业工作领导小组。同时,学校设立招生就业职能部门,具体负责全校毕业生就业工作,划分科室并配备校级专职就业工作人员,学院(部)由分管学生工作副书记和辅导员具体负责院级就业工作。

二是明晰责任。在"学校主导、学院主体"体制下,学校负责贯彻落实党中央、国务院毕业生就业工作部署,落实教育部、重庆市教委毕业生就业工作要求,结合学校实际履行顶层设计、工作部署、队伍建设、课程建设、团体辅导个体咨询室建设、校园招聘市场建设及就业培训、就业管理、工作督查、工作考核等职责。学院按照学校就业工作部署,结合学院实际履行就业动员、就业指导、学业指导、岗位拓展、毕业生推荐、困难帮扶及院级就业管理、招聘会组织等职责。

三是贯通指挥。学校每年的党政工作要点列明就业工作目标任务,每年召开年度就业工作会、就业工作推进会,下发年度就业工作文件指挥部署就业工作,日常通过二级单位书记例会、院长例会督导就业工作。学院通过党政联席会、辅导员例会指挥安排就业工作。

四是畅通信息,建立"学校—书记、院长""学校—副书记""学校—辅导员"三级工作群和"学校、辅导员、班干部、学生"就业信息拓扑链。

五是明确监督考核。书记、校长和校级领导班子成员按照联系学院制度定期到学院督导就业工作。书记、校长在关键时间节点对就业工作落后的学院进行约谈,将学院就业工作纳入学校党建与事业发展考核,与绩效分配挂钩,与招生指标挂钩。

据了解,当前绝大多数高校都按照教育部的要求健全了毕业生就业工作体制机制。就业育人工作与就业工作相伴同行,在就业工作各环节挖掘育人元素,突出育人意识,聚焦育人功能,将就业育人工作融入就业工作各环节,同步部署、同步开展,与具体就业工作相辅相成。现有就业工作体制和就业工作规划设计、指挥部署、执行落实、监督考核等机制完全契合就业育人工作需要,为就业育人的顺利开展奠定了坚实的组织基础。

2. 就业工作体系结构奠定了运行基础

中共教育部党组发布的《高校思想政治工作质量提升工程实施纲要》(教党〔2017〕62号)要求充分发挥课程、科研、实践、文化、网络、心理、管理、服务、资助、组织等方面工作的育人功能,挖掘育人要素,完善育人机制,优化评价激励,强化实施保障,切实构建"十大"育人体系,为高校构建"三全育人"格局指明了方向、提供了遵循。当前高校毕业生就业工作体系涵盖了该文件列出的除科研之外的九个方面,可以在这九个方面的就业工作中挖掘育人元素、发挥育人功能,开展就业育人。一是开展就业课程育人,依托职业发展规划、就业指导、创新创业基础等就业创业类课程及职业能力培训班(训练营)、团队辅导班等培训课程,贯彻课程思政,在课程中充实育人功能;二是开展就业实践育人,组织学生开展就业见习、职业体验等就业实践活动,做到理论教育与实践养成相结合,增强实践能力,树立家国情怀,发挥育人功能;三是开展就业文化育人,营造校园就业文化氛围,举办校园就业文化活动是就业工作内容之一,要在就业文化活动中以文化人、以文育人,突出育人功能;四是开展就业网络育人,利用就业指导服务网络平台建设传播主旋律、弘扬正能量,增加育人元素,拓展育人功能;五是开展就业心理育人,在就业心理教育、就业心理疏导、个体就业咨询等工作中,育心与育德相结合,强化育人功能;六是开展就业管理育人,在毕业生签约、派遣、户口档案和组织关系转接、信息校对等就业管理工作中,将规范管理的严格要求与春风化雨的细心教育相结合,重视育人功能;七是开展就业服务育人,在招聘活动组织、岗位推荐、招聘引荐、信息通报等就业服务工作中,把解决实际问题与解决思想问题结合起来,强化育人功能;八是开展就业帮扶育人,在家庭困难毕业生资助、求职补贴申请发放、就业困难帮扶等工作中,把"扶困"与"扶智""扶志"结合起来,凸显育人功能;九是开展就业组织育人,在就业协会、创业联盟、职业规划训练营等就业类学生社团建设管理工作中,把组织建设与教育引领结合起来,夯实育人功能。新时期健全的毕业生就业工作体系结构,为构建有广度、有深度、有长度的就业育人体系,保障就业育人运行奠定了坚实基础。

3. 就业工作基本队伍奠定了师资基础

新时期,各高校基本建立起了以校级专职就业工作人员和辅导员队伍为主体,以校内兼职教师和校外校友、企事业单位人力资源高管为补充,以职业生涯教育和就业指导专家为辅助的毕业生就业工作队伍。就业工作队伍经过培训、规范即可肩负起就业育人工作,协同发挥就业育人功能。一是发挥校级专职就业工作人员的统筹作用,开展就业育人全面规划、顶层设计、教材教辅编纂和培训、督导工作,依托就业工作体系,围绕就业工作各方面、各环节凝练育人指针、挖掘育人元素、设计育人方法、制定育人规范,为全校就业育人提供统筹支持。二是发挥辅导员队伍的主力军作用。修订后的《普通高等学校辅导员队伍建设规定》(中华人民共和国教育部令第43号)强调,辅导员是开展大学生思想政治教育的骨干力量,是高等学校学生日常思想政治教育和管理工作的组织者、实施者、指导者,其职责包括职业规划和就业创业指导。所以,辅导员既是大学生日常思想政治教育担当者,又是各项就业工作的主要承担者。辅导员普遍同时承担思想道德修养、形势政策、职业发展规划、就业指导等课程,兼具思想政治教育、就业工作的理论知识和实践经验,是开展就业育人最具优势的骨干队伍。三是发挥校内兼职教师的专业性作用。就业工作的兼职教师多是就业职能部门聘任的就业心理、职业规划、就业法规、职业培训等方面的专家学者,以其专业优势优化补充学校的就业工作,要通过指引和规范发挥他们的育人作用。四是发挥校外校友、企事业单位高管的作用,在组织优秀校友、企事业单位高管进校开展讲学、辅导活动时,通过植入育人内容发挥育人功能。五是发挥校内外专家队伍的作用。高校一般聘请校内外职业生涯教育和就业指导专家对辅导员等就业工作队伍开展工作培训,通过在培训活动中增加育人内容、加强育人方法训练,为就业育人工作赋能。现有的就业工作队伍经过育人理论知识补充,育人方法训练和工作实践兼顾,即可在就业工作过程中开展就业育人工作,是就业育人的坚实师资队伍。

(三)"大思政"开辟全新视野

"大思政"之"大",从理论上讲,在于落实立德树人根本任务的大使命,在于构建贯通交融的大课程,在于建设协同联动的大课堂;从实践上讲,需要树立古今中外融会贯通的大视野,打造专兼结合、内外互通的大师资,拓展校内校外、丰富多样的大资源,建立上下协同、群策群力的大机制,真正形成全员全方位育人大格局。

"大思政"的核心,在于把各类教育资源转化为思政课的课程资源。在全国高校全力推进建设"三全育人"大格局的新时期,高校毕业生就业工作体系蕴含着丰富的育人元素。如何将就业工作中的育人资源转化为思政课的课程资源,增强思政课育人功效,反过来又通过思政课高质量的育人成效,促进高校毕业生就业,是高校就业工作者关注的课题。

1. 促进形成协同育人新观念

思政课需要保持张力,坚持开放式发展,坚持因事而化、因时而进、因势而新,要善于将政治、经济、科技、民生等方面的盛事、大事、要事融入课堂教学,增强思政课的开放性和厚实度,提高思政课的亲和力、感染力和针对性。高校大学生的学习、生活、工作无不是为就业做准备。就业择业是大学生最鲜活的实践、最生动的现实,蕴藏着丰富的育人元素和育人契机。将与高校毕业生就业择业相关的育人资源转化为思政课的课程资源,使思政课在铸魂育人的过程中增加就业择业元素,既能提高思政课的生动性、亲和力和针对性,也培育高校毕业生正确的成才观、职业观和就业择业观,激励高校毕业生积极就业、主动就业。"大思政"拓展"大资源"的内在要求,为高校将就业教育与思政课互通互融、资源转化启迪了新思路,指明了新方向。

2. 启发构建就业育人大课堂

"大思政"是一项系统工程。习近平总书记强调:"思政课不仅应该在课堂上讲,也应该在社会生活中来讲。"[1]"大思政"要放眼课堂内外,光靠学校不行,光靠学校一个部门、一个学院、一个教研室更不行,而需要社会共同参与,汇聚全社会的育人合力。换言之,"大思政"是思想政治教育的大课,不仅是传统思政课变"大",而且是多元主体、多方资源、多重要素开展思想政治教育、发挥育人功能的一个个"小思政课"汇聚成"大思政"。新时期的高校毕业生就业工作包含多元实施主体、聚集多方资源、覆盖学生求学和成长各环节,要在就业工

---

[1] 杜尚泽.""大思政课'我们要善用之"(微镜头·习近平总书记两会"下团组"·两会现场观察)[N].人民日报,2021-03-07(1).

作各方面、各环节,发挥多元主体、多方资源的育人功能,构建就业育人大课堂。

3. 推动就业工作向育人要力量

高校毕业生就业工作是促进毕业生实现更加充分更高质量就业的策源地和主推力,经历了由简单到复杂、由肤浅到深化、由时段性到全程化、由普及性到个体化和精准化的发展历程。大学生就业体制改革初期,毕业生就业工作仅限于公告就业信息、少量接待来校招聘考察的用人单位、办理签约手续和派遣工作;到2000年代,开始开设就业指导课,建设就业信息网,举办校园招聘活动;再到2010年代,开始开展职业生涯规划教育、创业教育,健全就业工作体制机制,加强就业岗位拓展,建设繁荣的校园招聘市场;至后期推进就业工作个性化、精准化,毕业生就业工作得到了快速发展。特别是在大学扩招、毕业生大规模走向劳动力市场和2008年国际金融危机冲击的影响下,"大学生就业难"的问题开始显现并发酵之后,加强毕业生就业工作的迫切需要推动了就业工作全面提速提质。当前的高校毕业生就业工作已经形成全程化、全方位、全链条的工作体系,在政策举措层面可以说应出尽出,基本达到竭尽全力的地步,但毕业生就业形势依然严峻,困难逐年加大,结构性矛盾未得到缓解,"慢就业"现象不断加剧。高校毕业生就业工作的出路在哪里,已成为困扰高校就业工作者的重大问题。"大思政"理念的提出,为高校毕业生就业工作的创新发展指明了方向,推动毕业生就业工作在继续将已有政策举措做细做实之外,进一步在工作的各方面各环节切入和强化思政教育,大力实施就业育人,向重塑就业观念寻突破,向就业育人要力量。

二、"大思政"视域下高校就业育人的现实挑战

教书易,育人难。就业育人要紧密结合大学生就业择业实际,以"大思政"格局践行"三全育人"理念,落实立德树人根本任务,培养中国特色社会主义事业的建设者和接班人,培养堪当民族复兴重任的时代新人,促进毕业生更加充

分更高质量就业。就业育人的有效运用,需要思政课"主渠道"与日常思想政治教育"主阵地"协同,需要思政课教师、辅导员、就业工作者及专业课教师协力,需要在毕业生就业工作各方面各环节发力。在当前复杂的社会现实和高等教育环境下,高校就业育人面临着多重现实挑战。

(一)思政教育观照就业现实不足

教育部要求各地各高校要强化就业育人实效,把毕业生就业作为立德树人的重要环节,作为"三全育人"的重要内容,不断健全"就业思政"工作体系;要求开展以成才观、职业观、就业观为核心的就业教育活动,深入开展就业育人主题教育,引导毕业生树立积极的价值观、就业观、择业观。就业育人的本质是思想政治教育,以立德为根本,以树人为核心,以培育大学生正确积极的价值观、成才观、职业观、就业观、择业观等为重点,以思想政治理论课"主渠道"和日常思想政治教育"主阵地"为重要依靠,以促进毕业生更加充分更高质量就业为主要体现。当前高校毕业生就业的主动性不强、结构性矛盾突出、"慢就业"现象加剧等问题与思想政治教育观照就业现实不足、培养大学生正确的就业思想观念效果不佳有很大关系。

1. 思想政治理论课观照就业现实困难

中央宣传部、教育部印发的《新时代学校思想政治理论课改革创新实施方案》规定了大学阶段要开设的思想政治理论课必修课程和选择性必修课程,包括本科的马克思主义基本原理、毛泽东思想和中国特色社会主义理论体系概论、中国近现代史纲要、思想道德与法治、形势与政策,以及研究生的新时代中国特色社会主义理论与实践(硕士)和中国马克思主义与当代(博士)等,规定了课程内容、学时学分,并要求规范实践教学,提高实践教学实效。

思想政治理论课联系学生就业现实并不容易。一方面,每门思想政治理论课程都有其学科属性,有其固有的理论体系、授课逻辑、知识点要求和育人目标,所观照的社会现实不一定都能跟学生就业连上关系;另一方面,思政课教师长期从事本学科领域的教学科研,更愿意在学科理论体系内开展教学,虽然多数教师具有较高的政治敏锐性,能够从国家发展的宏观角度对理论问题进行深入剖析,但对学生的生活困惑和行为引导还需要通过考察和分析,才能提出具体的思路和方法。向学科体系之外扩展需要投入大量精力和时间,比如高校毕业生就业领域,影响就业的因素众多,不同专业、不同层次的高校毕业生就业状况差异很大,就业思想观念繁杂,若让思政课教师对毕业生就业现实状况进行全面考察和分析,需要投入的精力和时间会呈几何级增加,教师动力不强、意愿不高。每门思想政治理论课观照社会现实的指向众多,即使强求思政课教师关注学生就业,也只可能有少数理论点与就业现实耦合,不可能大讲特讲就业问题,因而难以在学生就业领域的价值引领和观念培育上发挥突破性作用。

2. 日常思政教育聚焦就业现实乏力

高校日常思政教育是根植于大学生日常生活的实践教育活动,多以党团、班团、社团等各类教育活动为载体,以辅导员为骨干力量,对促进大学生思想政治成熟、身心健康发展、素质能力提升、文明行为养成等起着重要作用。但是,日常思政教育存在学生参与活动的主动性不强,对党团组织生活、主题教育评价不高,教育活动还是以集约说教式为主,对学生学业、就业及心理方面的指导缺乏个性化,贴近学生生活、学生实际不足等问题,向学生职业发展、就业择业问题等就业现实聚焦更加乏力。

首先,日常思政教育以党团、班团、社团活动为主要载体,多按学校学工部、团委的任务要求而组织开展,就业工作部门参与机会较少,活动主题自然立足于学工部、团委的关注点,较少涉及学生就业;其次,学生活动越来越多地由学生自主组织开展,辅导员参与其中并开展价值引领的力度越来越弱,由于缺乏足够的理论观照和支撑,存在庸俗化、娱乐化、同质化突出等情况,活动的育人效果不佳;最后,随着队伍的年轻化和来源专业的多元化,再加上思政工作能力系统培训不足,辅导员的思政教育素养参差不齐。他们更愿意从事简单的日常管理事务性工作,对学生就业缺乏全面深入的认识,难以聚焦于就业现实开展有效的思想政治教育。

3.课程思政观照就业现实动力不足

高校专业课程传授专业知识、专业技能,给予学生安身立命的本领,更受学生的重视。专业课教师学历高、职称高、专业领域知识渊博、技能娴熟,普遍受到学生尊敬。专业课程与学生择业就业、职业发展和事业成功关系紧密,充分发挥专业课教师的思想政治教育作用,对提升育人效果尤其是就业育人效果非常有利。教育部印发的《高等学校课程思政建设指导纲要》(教高〔2020〕3号)提出,要全面推进高校课程思政建设,发挥好每门课程的育人作用。不仅要将价值塑造、知识传授和能力培养三者融为一体,寓价值观引导于知识传授和能力培养之中,帮助学生树立正确的世界观、人生观、价值观,也要紧紧抓住教师队伍"主力军"、课程建设"主战场"、课堂教学"主渠道",让所有高校、所有教师、所有课程都承担好育人责任,守好一段渠、种好责任田,使各类课程与思政课程同向同行,将显性教育和隐性教育相统一,形成协同效应,构建全员全程全方位育人大格局。

但是,课程思政的推进才刚刚起步,育人成效尚未显现,育人动力不足问题比较突出,在观照学生就业现实方面还比较困难。一是专业课教师对育人责任普遍认识不够,多数人仍将"教书育人"视为两个领域的工作,认为"教书"是专业课程的任务,"育人"是马克思主义学院、辅导员的工作,将专业课教学与思想政治教育相隔离;二是专业课教师普遍对本学科比较自信,存在"学好专业打遍天下"的观念,对学生思想意识和精神层面的关注较少;三是专业课教师教学科研任务普遍较重,对学科之外的事务关心不够,对学生就业存在的问题大多只有模糊的"就业难"概念,对就业形势、政策和就业难的原因缺乏全面了解,难以做到有的放矢。

(二)就业指导凝聚育人核心不够

就业指导是高校毕业生就业工作的核心任务,也是高校学生工作的重要方面,主要目标是帮助大学生全面正确认识就业形势和政策,引导大学生树立正确的成才观、职业观、就业观、择业观,培养大学生职业发展规划、就业准备、择业求职的能力,是人才培养的重要环节和就业育人的关键所在。就业指导本质上属于日常思想政治教育,是日常思想政治教育聚焦于大学生就业现实的分支方向,为大学生就业提供航向遵循和精神动力。现实中,就业指导更注重毕业生就业形势和政策的一般阐述、毕业生就业管理规定的讲解和求职技巧的指导培训,加强思想政治教育凝聚育人核心不够,在持续培养大学生为就业而学习、为国家建设而就业的精神方面成效不佳。

1. 育人意识有待提升

就业指导在内容上可分为就业思想观念培育和就业知识技能培养两大方面。前者归属思想政治教育的"育人"范畴,是教育的思想性因素;后者更多归属于知识传授的"教书"范畴,是教育的科学性因素。科学性因素容易解释清楚,传授较为容易;思想性因素因人而异,教化较为困难。在高校当前的体制下,毕业生就业工作归口于学生工作,辅导员是就业指导工作的主体力量。教育部《普通高等学校辅导员队伍建设规定》和《高等学校辅导员职业能力标准(暂行)》均对辅导员规定了职业生涯教育和就业指导的职责,但在实际工作中,辅导员开展就业思想观念培育的意识有待提升。

一方面,低年级辅导员对就业感触不深,毕业班辅导员对育人工作顾及不够。大部分辅导员习惯于简单的事务性工作,往往跟着上级的学生工作部署走。低年级时,学生尚未涉及就业择业事务,辅导员也就缺乏开展就业指导、进行就业思想观念培育的意识。面临毕业生就业事务时,辅导员虽然意识到了毕业生就业思想观念存在的问题,但面对完成毕业生就业指标的繁重任务,主要精力放在通报招聘信息、动员毕业生应聘、递交就业证明材料等"看得见、摸得着、见效快"的工作上,对改变毕业生就业思想观念的工作已无暇顾及。

另一方面,辅导员对培育就业思想观念的长期性、持续性认识不足、重视不够,没有认识到正确就业思想观念的形成需要一个长期的、持续的教育引导过程,只有通过思想认识的螺旋上升,才能达到正确思想观念的形成和稳定,最终贯彻于就业态度和就业行动中。辅导员往往将思想观念培育简单化、概念化,通过一堂课、一次会或者一次活动将应该持有的就业思想观念告知学生,更多是为了完成一项工作,而未真正建立起育人的意识。

2. 育人能力有待加强

就业思想观念的培育作为就业指导的核心内容,需要相关理论素养的积淀和思想政治教育方法、技能的支撑,需要把握大学生就业形势的变化趋势和就业政策的更新,更需要深入掌握大学生就业领域出现的新现象、新问题、新思潮以及背后的影响因素,需要全面研判本学校、本专业大学生就业面临的新现实、新矛盾,从而有的放矢地开展引导教育。这就要求辅导员具备比较全面的知识、较高的理论素养和比较娴熟的思想政治教育技巧。

当下的高校辅导员明显存在育人能力不足的问题。一是辅导员专业结构多元化,非思政专业的辅导员存在思想政治教育理论、方法储备不足等问题。虽然教育部颁布了《普通高等学校辅导员队伍建设规定》和《高等学校辅导员职业能力标准(暂行)》,但并未得到严格执行。高校很少对辅导员的职业能力进行核验、定级,辅导员的进入退出机制不完善,相关的职业能力培训不系统。多数辅导员开展思想政治教育工作比较吃力。二是辅导员多是从高校应届毕业生中选拔,属于毕业生中的优秀群体,从高校到高校,社会实践历练少、体悟少,加上本身就业非常顺利,对择业求职缺少体验,因而对大学生就业困难缺少共情,开展就业思想观念教育多是从理论到理论、从概念到概念,难以形成共鸣。三是高校辅导员队伍不断年轻化,普遍年龄较小,虽然具有与学生打成一片的优势,但大多数人心智尚不成熟,思想观念尚不稳定,对思想政治理论的理解能力、对价值观念的评判能力、对社会现象的观察分析能力都还不强,开展思想政治教育时常常陷入见解肤浅、阐释生硬、信效度弱、流于形式等局面,部分辅导员甚至自身就持有不正确、不科学的就业思想观念,对党和国家的育人目标不理解、不认同,对学生的思想观念产生了不良影响。

3. 育人动力有待强化

就业思想观念是大学生的世界观、人生观、价值观在就业上的综合体现,是大学生对成才成功、职业价值、事业发展及理想信念、奋斗精神、奉献精神等领域的认知的集中体现。培育就业思想观念是高校育人工作的重要内容,也是一项系统工程,需要通过理论结合实际、长期持续的教育引导方见成效,是一项久久为功的事业。在当前的辅导员管理体制下,从实际工作情况看,辅导员开展就业思想观念培育的育人动力明显不足。一方面,育人工作的精力投入巨大,且难以反映到具体工作量上。思想政治教育除需要掌握广博的理论知识和实践的方式方法外,还必须深入了解学生的思想动态,科学准确地把握学生的所思、所想、所盼,以情感人、以理服人、以文化人,尤其要注重解决学生最困惑、最突出的理论与实践问题。这往往需要因人而异、因事而变,相对于知识传授来说,要投入百倍千倍的精力和时间。同时,由于思想政治教育的多样性、复杂性和长期性,以及育人效果考核的艰难性,辅导员是否开展就业思想观念培育及培育效果如何难以确定。另一方面,从理论上讲,育人价值会通过学生的学习、工作及就业成果表现出来,但实践中,很难证实毕业生的优秀表现必然是思想政治教育的结果。毕业生的就业状况往往与专业、行业的需求密切相关,辅导员的育人成果难以证明,导致辅导员对大学生进行思想政治教育的动力不足。另外,现有辅导员管理体制中还存在"大锅饭"现象,辅导员的工作能力和工作成效对其本人利益的影响不突出,导致育人动力有待强化。

(三)学生就业思想观念纠偏困难

大学生就业思想观念是指大学生对就业择业的根本态度和看法,是大学生的世界观、人生观、价值观在就业上的体现,在大学生就业过程中起着重要的作用。部分大学生的就业思想观念既受传统文化官本位意识、衣锦还乡思想的影响,也受西方现代文化的个人本位意识、拜金主义倾向等消极因素影响,在就业择业中不同程度地表现出理想信念虚化、奋斗精神弱化、择业观功利化、发展观短视化等消极现象。就业育人的目的就是通过加强大学生的思想政治教育和就业思想观念培育,教育引导大学生破除消极、错误的就业思想观念,树立正确、积极的就业思想观念,实现顺利就业、高质量就业的目标。就业育人的过程是与消极因素的对抗博弈过程,任务艰巨。

1. 抵御西方文化消极影响存在困难

文化蕴含着深刻的价值观念，并以生活方式表现出来。西方文化蕴含着西方社会的价值观，在经济全球化和信息全球化迅猛发展的背景下，正对中国进行着强势的文化渗透，对我国大学生的世界观、人生观、价值观和生活方式产生了极大影响。西方文化中的个人主义、功利主义、享乐主义、拜金主义等消极腐朽文化对大学生产生了较为显著的负面影响。当前，大学生就业思想观念中存在的集体主义精神缺失、职业价值观模糊、就业功利主义、择业个人本位主义等倾向，与西方消极文化的传播有着密切关系。西方文化依托其特有的经济和技术优势进行传播渗透，对大学生思想政治教育和就业思想观念培育形成了巨大挑战。

一是西方文化具有较强的扩张性，以美国为首的西方国家从来没有放弃用他们的文化和价值观念主导全球的野心。在大众传媒和网络技术的不断发展下，西方文化的传播有了更加快捷的载体和更加丰富的表现形式。二是西方文化具有较强的渗透性，个人本位主义思想盛行，尊重个体的意识较强，教导灌输方式偏向隐喻引导，更多依附于影视、音乐等载体，以较强的隐蔽性潜移默化地影响人们的思维方式和价值观念。三是西方文化具有务实性，往往与社会现实联系紧密，关注点更多集中于社会个体的具体矛盾，现实针对性和问题说服力很强，与当下青年学生看待问题更关注当下、更在意细节、更趋于务实的心理特征契合，容易获得学生的认同与好感。四是西方文化具有较强的娱乐性，与人好逸恶劳的本性相符，对青年学生有着较强的吸引力。

西方文化的以上特点使其具有传播优势和影响优势，在带来优秀文化的同时，也裹挟着大量消极腐朽文化，对我国的民族文化造成极大冲击。

2. 克服不良文化消极影响存在困难

除西方文化传播渗透的影响外，中国传统文化中长期存在的落后思想也对大学生的就业思想观念产生着消极影响，与社会主义核心价值观的要求不适应。中国传统文化是在历史长河中逐渐形成的，是历史发展各阶段的政治结构、社会生活方式、社会治理模式、经济发展形势、意识形态等方面共同作用下形成的文化积累。这些文化积累世代延续,深深融化在中华民族的思想意识、处世观念和行为规范中,内化为中华民族的文化心理和文化性格,形成中华民族特有的思维模式、知识结构、价值观念、伦理规范、行为方式、审美情趣、风尚习俗等,存在于社会政治、经济尤其是精神世界的各个领域,成为影响人们思想行为和日常生活的强大力量,是高校思想政治工作的重要文化背景。与其他民族文化一样,中国传统文化中既有优秀的精华部分,也难免存在消极的糟粕部分。优秀的传统文化对大学生有着广泛的积极影响,而消极腐朽的思想观念也不同程度地产生了负面影响。当下高校毕业生就业中存在的考公务员热、追求稳定、不愿竞争、等靠要、慢就业等现象背后,都有着传统文化消极部分的影响。在当前思想观念多元化的社会背景下,发挥优秀传统文化的积极作用和克服消极传统文化的负面影响都具有挑战性。一方面,大多数文化现象都是既包含积极因素又有消极因素的两面体,既有保守和稳定的惰性因素,也有变革和进取的积极因素。中国传统文化也如此,积极因素和消极因素往往交织一起。同一文化现象对不同的人所产生的作用是不同的,要遵循时代要求辩证地看待。另一方面,克服传统文化中消极因素的影响必须依靠主体的自觉行动,需要大学生从自身理念出发对传统文化中的消极因素进行辨别和克服。辅导员的外因性引导要通过大学生的内因性认知起作用,这就要求高校加强大学生思想政治教育,用坚定的理想信念和时代精神克服传统文化中的消极因素。

3. 纠正错误就业思想观念任务艰巨

大学生就业思想观念的形成是一个长期积淀的过程,是政治、经济、文化、科技和学生的生活经历、受教育程度、思维方式、性格特点等众多因素共同作用的结果。它是大学生的世界观、人生观和价值观在就业方面的综合体现。就业思想观念在特定的环境下具有相对稳定性,但在社会环境和个体思想认识发生较大改变的情况下,也会变化和发展。

错误就业思想观念会导致大学生产生非理性和违背时代价值观要求的就业认知与行为模式。当下大学生就业中大量存在的非体制内单位不进、非舒适岗位不上、非温柔环境不干等现象,都是受到错误就业思想观念的影响而产生的。对大学生的错误就业思想观念进行纠正,是高校思想政治教育工作的重要内容,是就业育人重要的关注点、着力点,但现实工作中,纠正错误就业思想观念困难大、任务重。首先,错误就业思想观念是日积月累而形成的,对其进行纠正绝非一日之力可为,需要长期、持续、反复的教育引导才可能产生效果。其次,每个大学生的错误就业思想观念都有自身独特的影响因素,必须深入掌握背后的根本原因,才能做到有的放矢。最后,一旦错误就业思想观念蔓延开来,纠正工作就需要面对众多个体,工作量巨大。

三、"大思政"视域下高校就业育人的影响因素

高校毕业生连接着千家万户,是国家宝贵的人才,是中国特色社会主义事业的建设者和接班人,担当着民族复兴重任。高校毕业生就业既关乎民生,又关乎国家繁荣昌盛。党的十九大提出了实现更高质量和更充分就业的目标。就业育人从作为就业主体的大学生入手,坚持铸魂育人,引导大学生坚定理想信念,更新就业观念,增强适配性,提高自觉性,主动适应新时代、把握新时代。就业育人是一项培养人的系统工程,受到主体、客体、环境等多种因素的影响。高校要全面把握就业育人的影响因素,充分发挥有利因素的积极作用,克服不利因素的消极作用,推进就业育人高质量发展。

(一)社会就业形势的严峻性

社会就业形势的严峻性,表现在社会劳动力市场就业岗位不充足、就业竞争加剧、失业率上升、劳动力就业不充分等方面。新时期出现的高校毕业生就业结构部分失调、就业观念有待改进、就业形势比较困难等情况,也是社会就业形势严峻性的反映。社会就业形势的严峻性引起社会对高校毕业生就业的广泛关注和担忧,掀起对高校毕业生就业难的表现、成因及应对策略的讨论。同时,社会就业形势的严峻性也冲击着高校人才培养的价值取向,引起社会对高校人才培养目标、培养规模、培养层次、培养方式、培养质量的讨论。人才培

养是高校的主业,育人是高校的使命。在党和国家大力推进教育事业落实立德树人根本任务,构建"三全育人"大格局,贯彻"大思政"理念的背景下,就业育人以其对社会就业形势严峻性的主动回应和对高校人才培养现实的深切观照而逐渐受到人们的重视。

1. 社会就业形势的严峻性是就业育人的缘起

我国高等教育已迈入普及化阶段,高校毕业生构成了社会新增劳动力的主体,受社会就业形势的严峻性影响最大的就是高校毕业生。高校毕业生人数逐年攀升,成为新增劳动力的主力军。就业是民生之本,是人民生活的基本保障,涉及人民的基本福祉,稳就业、保就业是党和国家关心的大事。一些毕业生无工作、无收入、无贡献,造成人力资源浪费和高等教育资源浪费,甚至影响社会稳定。社会就业形势的严峻性虽然存在波动性,但目前是趋于加重的。人们普遍认为社会就业形势的严峻性来自经济领域,国家经济发展总体放缓、产业结构调整、经济结构转型、世界经济疲软、军事冲突、疫情对经济发展的冲击等因素导致经济环境提供劳动岗位不充足、吸纳劳动力能力下降。但是,在社会就业形势的严峻性背后,"招工难与就业难"并存,毕业生"高不成低不就"现象突出,"慢就业"现象蔓延,"考试族"人数居高不下。显然,高校毕业生就业形势的严峻性不仅仅是因为就业岗位不充足,也与高校毕业生自身的就业思想观念存在问题有关。就业育人面向高校毕业生,以帮助毕业生树立科学正确的就业思想观念为核心,不失为解决高校毕业生就业形势严峻性的良策。

2. 社会就业形势严峻性的成因规定了就业育人的任务

就业育人不是宽泛空洞的,而是具体生动的,有着具体的"育"的对象、"育"的目标、"育"的内容和"育"的方式。这些对象、目标、内容和方式以社会就业形势严峻性的成因为指向,以减轻社会就业形势严峻性对高校毕业生就业的不利影响、消解基于毕业生自身的成因为出发点,通过改变毕业生自身以有效应对经济领域的发展变化,主动适配社会就业岗位的要求,有效填充社会提供的新岗位。

社会就业形势严峻性的成因,规定着就业育人的具体行动方向和行动模式。

一是辩证认识供需量变关系。社会普遍认为高校毕业生规模增加与社会劳动岗位总量减少之间的矛盾是社会就业形势严峻性的主要原因。虽然量的不平衡性客观存在,但它是否必然导致高校毕业生就业形势严峻,还需要辩证看待,招工难与就业难并存的现象就很能说明问题。因此,辩证认识供需总量、深入分析供需分量以及客观把握供需变量对高校毕业生的真实影响,构成了就业育人的基础任务。

二是全面认识供需结构关系。各类来源的调查数据均显示,高校毕业生就业的主要矛盾是结构性矛盾,包括高校毕业生的学历层次结构与社会的学历层次需要结构不平衡的矛盾、高校毕业生的专业结构与社会的专业需求结构不对称的矛盾、高校毕业生的素质能力结构与社会的技能需求结构不匹配的矛盾等。认识这些矛盾的类型、结构和规模,并将各类结构性矛盾具化到毕业生个体来进行分析,成为就业育人的主要任务。

三是客观认识供需能动关系。供需矛盾是社会就业形势严峻性的成因,解决了供需矛盾,社会就业形势严峻性就不会存在。调和矛盾需要发挥人的能动性,改变形成矛盾的条件。供需矛盾的调和,需要弄清楚矛盾形成的条件及其可变性,找到条件变化的契机。社会劳动岗位的供给严格遵循生产活动的实际需求,严格遵循成本的本质要求,供给结构不会因高校毕业生的所想所盼而调整。因此,只有调动高校毕业生这个岗位需方的能动性,改变供需矛盾体中需方的条件,以实现矛盾的调和。总的来说,引导高校毕业生对实质性的供需能动关系形成客观的认识,是就业育人的重要任务。

四是探索主动适配的方式方法。"育"的对象是就业育人活动的前提,决定着"育"的目标、内容和方式方法。将社会就业形势严峻性的成因落实到具体的高校毕业生个体,调动他们的能动性,为他们找到适配理想劳动岗位的方式方法,一个一个地实现供需匹配,是就业育人的根本任务。

3. 社会就业形势严峻性的改善体现就业育人成效

社会就业形势严峻性的改善,既是就业育人的目标,也是就业育人成效的体现。社会就业形势严峻性是具体的而不是泛化的、是可量化的而不是主观的。社会就业形势严峻性具体表现在群体类型、产业或产业部门类型、地域类型等方面,其量化的基本指标就是失业率或就业率。失业率或就业率的升降,可以客观反映社会就业形势严峻性的变化。因此,就业育人的成效,可以通过高校毕业生的就业率来检验。

一方面是从数量来检验。高校毕业生的就业率,尤其是就业率的年度增减量和高校间的横向比较,能够客观反映就业育人的成效。有研究表明,一所高校的毕业生的禀赋,是由高校的性质和办学条件决定的,具有相对稳定性。毕业生的就业思想观念在代际传导的影响下,也具有相对稳定性,除非有特殊原因,其波动不会很大。如果开展就业育人之后就业率出现明显提升,就可归为就业育人的成效。除就业率的变化外,就业进度的快慢也是检验就业育人成效的指标。就业进度变快,表明毕业生的就业意识增强了,就业积极性和就业素养适配水平提高了。数量变化是检验就业育人成效最基础的环节。

另一方面是从质量来检验。实现高校毕业生更高质量就业是党和国家提出的目标之一。高质量是一个主观概念,难以量化。国内多以毕业生就业满意度来测量就业质量,不失为一种可行的方法。适合自己的才是最好的,个体满意、个人幸福即是高质量的体现。也有从高校管理者的办学意愿出发,对毕业生就业的岗位性质、层次、所在地及薪酬等因素进行测量,高校管理者对结果感到"满意"即为高质量。总之,跟踪就业育人成效,并根据调查结果对就业育人不断进行调适,也是就业育人的重要任务。

(二)高校就业教育不到位

高校就业教育,是在高校培养人才的过程中,指向大学生未来就业,影响大学生就业认知、就业准备和就业行为的所有教育活动的总称。就业指导、职业指导、求职指导、就业思政、就业咨询、职业生涯规划等概念均是高校就业教育的子概念。就业育人也是其子概念之一,聚焦于大学生就业思想观念的培育。就业育人作为高校育人实践活动之一和"三全育人"的有机组成部分,不是一个独立的系统,而是附着于高校现有结构之上,主要是附着于高校就业教育之上。高校就业教育是否到位,影响着就业育人成效的高低。

1. 高校就业教育的认识不统一

教育是教育者根据社会发展的要求,有目的、有计划、有组织地对受教育者的身心施加影响,使他们的身心朝着社会期望的方向发展的活动。[①]党的十九大报告强调,要全面贯彻党的教育方针,落实立德树人根本任务,发展素质教育,推进教育公平,培养德智体美全面发展的社会主义建设者和接班人。这为高校的教育工作指明了根本遵循,是对高校教育工作的总要求。从就业工作者的视角来看,这一总要求的基本前提是就业。高校毕业生要通过就业成为一名合格的劳动者,担当起民族复兴大任。高校所有教育工作的落脚点,就是要保证毕业生实现就业,成为一名合格的社会劳动者。

然而,这一认识目前在多数高校的实际工作中并没有得到统一。一是表现在目的意识上,教学活动、实践活动、文化活动等没有将活动的目的有意识地归结到保证就业上,大多是为活动而活动。二是表现在行动态度上,工作中存在对就业"说起来重要,做起来次要,忙起来不要"的现象,也表现出对就业教育的认识不统一。三是表现在工作评价上,虽然高校对各类教育工作都设有评价管理制度,评价意向却较少归结到保证就业上。认识不统一,就难以凝聚人心、汇聚力量,从而影响就业育人的全面深入开展。

2. 高校就业教育的顶层设计不完善

顶层设计具有统筹全局、理性规划、规范行动、监督执行等作用,对系统高效运行的重要意义不言而喻。高校就业教育是一项系统工程,要素庞杂,内在关系复杂,尤其需要科学的顶层设计,自上而下统一认识、完善架构、细化节点、规制作为、强化指导,才能保证运行顺畅。在实际工作中,多数高校的顶层

---

① 夏小红.教育学[M].南京:南京大学出版社,2020:2.

设计不完善。一是设计意识不强,部分高校未将就业教育作为学校的大事给予重视、缺少对就业教育的系统性认识,把就业教育归于单一部门工作。就业工作部门自身也缺少系统性思维、协调信心不足,甚至不相信顶层设计的作用。二是设计流于形式,部分高校的就业教育顶层设计重形式,走过场,看起来有规划、有方案,但仅仅是参照上级部门的文件"依葫芦画瓢",但求"有"不求"用","挂在墙上,讲在会上",应付上级检查。三是设计缺乏统筹,只涉及就业工作部门和就业工作者,将就业教育看作一项部门工作,不以系统观点来设计,不统筹系统要素。四是设计无标准,顶层设计相当于"施工图",没有标准的"施工图"起不到任何作用。缺乏顶层设计的就业教育是无力的,缺乏顶层设计的就业育人也必然是低效的。

3. 高校就业教育的队伍建设不专业

就业教育既需要系统性开展、多维性推动,又需要专业化支撑。高校要建设一支具备专业水准的就业教育队伍,发挥专业队伍优势,把握关键环节教育,保证就业教育的系统性、深刻性、信服力,提升就业教育质量;也要重视兼职队伍建设,强调专兼职结合有其合理性和必要性,但绝不能以兼代专。专业化队伍的建设程度,反映了高校对就业教育的重视程度。高校就业教育队伍建设普遍存在不专业的情况。一是人数少,尤其是就业教育专职队伍人数少。专职代表着专业,专职人数少必然导致队伍整体专业化程度低,就业教育有概念无教育,有方案无落实。高校普遍重视专业课教师引进,甚至不惜花重金引进学科带头人,而对就业教育教师的缺乏则视而不见。二是培养少,就业教育队伍普遍以兼职为主,而不是教育主管部门要求的"专职为主,兼职为辅,专兼结合"。兼职为主的队伍需要加强培训,保证"兼"而不虚,"兼"有水平,但高校就业教育队伍普遍培训时间短、培训次数少,兼职队伍只是挂着"兼"的名义,很少履行职能。三是专注度低。以兼职为主的队伍本就是兼而为之,即使是专职队伍,也更多将精力投入事务性工作,对就业教育的专注度低。队伍建设是就业教育的基础工程,专业化的教师队伍才是就业育人的主体。

4. 高校就业教育的评价激励不到位

考核评价是保证工作落实的主要手段。考核既是约束也是激励,既形成压力也创造动力。高校普遍缺乏就业教育考核评价。一是制度缺位。建章立制是前提,制度设计是基础,制度先行才能为工作提供遵循,没有制度就没有持续性。部分高校没有考评制度,却有先进评选,而且这些评选多是临时起意。临时制定的评选办法对工作过程的促进作用不明显,只是为评选而评选。二是标准缺位。有制度而无标准,则制度的导向作用不强,促进作用弱。就业教育更多是非知识性教育过程,可测量性低,但也需要制定评价标准。三是结果越位。高校多以就业率来对就业教育进行考核评价,其实是不科学、不完整的,属于越位现象。

(三)学生自我教育的非理性

自我教育是思想政治教育方法体系中的重要方法,是受教育者的内化行为。受教育者有意识地对自我进行教育和约束,以满足自身及社会需求,最终达到自我实现的目标。自我教育是思想政治教育的最终落脚点,是人的主体性的集中体现。高校毕业生的自我教育,有助于其发挥主体性作用,实现全面发展。就业育人作为"大思政"的生动实践,要高度重视学生的自我教育。

高校毕业生的自我教育中,个体的理性与非理性因素有着重要的影响。人是理性与非理性的统一体,理性与非理性共同构成人的整体精神世界。所谓理性,可以理解为人类通过自觉的逻辑思维把握客观世界的规律及认识世界的活动。人们通过意识、逻辑、判断、推理等理性思维的基本形式,形成对事物本质与规律的理性认识。所谓非理性,可以理解为人的心理结构上的不受理性逻辑支配的本能意识、无意识及非逻辑的认识形式,表现为需要、情感、意志、信念、动机、欲望、习惯、冲动等心理形式,具有自发性、即时性、灵活性、非逻辑性等特性。理性与非理性是思想政治教育学的一对重要范畴,二者具有辩证统一关系。理性发挥主导性作用;非理性发挥补充性作用,在特定条件下也有可能发挥关键性作用。在人的精神世界中,理性因素具有客观普遍性,非理性因素带有浓厚的个人主观色彩。非理性因素在人的认识活动中具有鲜明的双重性,既可以发挥积极作用,又可能产生消极作用。积极的、肯定的非理性因素在人的认识与实践中能够发挥正向的激发与诱导、选择与定向、驱动与控制作用,消极的、否定的非理性因素则会干扰、限制甚至削弱人的认识能力与实践能力。

高校毕业生就业是一个能动的过程,既受理性因素的支配,又受非理性因素的影响。非理性因素对就业育人的成效会产生较大影响,要及时发现和全面把握影响就业的非理性因素,引导并强化非理性因素的积极作用,弱化非理性因素的消极作用。

1. 学习中的非理性是就业育人介入的窗口

学习是学生的第一要务。大学阶段的理论知识学习、技能才干训练、高尚情操陶冶等学习活动的成效,直接关系到大学生素质的提升,决定着大学生未来就业的质量。大学生学习过程中普遍存在的消极现象,大多是受非理性因素的消极影响而产生的,是高校思想政治教育要解决的主要问题。从学生未来就业来看,就业育人应尽早介入学生的学习过程,与思政教育和学生工作融合,用就业的需要和前景激发非理性因素的积极作用,消解非理性因素的消极影响。

大学生学习中的非理性主要表现在以下方面。一是学习的被动。被动是大学生学习中的主要非理性因素,是低年级学生普遍存在的现象,对本应理性思考的"学什么、怎么学、为什么学"等问题不主动思考,而是跟随着课程表的安排上课、做作业、考试,与以自主学习为主的大学学习模式格格不入,主动学习、自主学习、拓展学习的意识较弱。二是学习的好逸恶劳。大学生在学习上投机取巧、避重就轻、急功近利、逃避、懒惰、拖延等现象也较普遍,在选课、上课、考试、作业、实习实践、文化活动等诸多方面都存在,动力不足、踏实不够、缺乏追求。三是学习的不务正业。部分学生投入大量精力在做网红、开网店、当网络写手、当外卖小哥、追星追剧、打游戏以及理财、妆容等方面,占用大量生活空间。毕业生就业时的各种不良结果,大多源自学习期间的非理性表现,就业育人尽早介入非常必要。

2. 就业中的非理性是就业育人工作的主要对象

高校毕业生就业结构性矛盾突出,即"有岗不就"问题,其背后成因主要指向毕业生的就业思想观念。比如热度最高的"国考",每年都有个别岗位报考人数很少甚至无人报考的情况。许多基层就业岗位、一线岗位、微企岗位更是无人问津。各高校的《就业质量报告》都反映出,提供给高校毕业生的就业岗位总量充裕,问题在于大量岗位不被毕业生接受。在毕业生中,职业贵贱、岗位高下、面子荣辱等非理性因素普遍存在。可见,就业难实质上是由就业思想观念不科学导致的。就业是就业育人的着眼点、立足点,帮助学生形成科学的就业思想观念是就业育人的出发点、着力点。针对高校毕业生存在的就业思想观念偏差,发挥非理性因素的积极作用,防止和弱化其消极作用,是就业育人的主要任务。

高校毕业生就业中的非理性表现主要有以下方面。一是未树立正确的成才观、职业观、就业观。成才、成功是每名大学生的梦想,职业是实现梦想的载体,就业是实现梦想的途径。许多大学生对这一基本逻辑的认识是模糊不清的。二是就业无意识。不少高校毕业生不仅对就业动员、就业信息毫不敏感,对考研、考公不敏感,甚至对朋辈群体热火朝天地找工作也毫无感觉。三是盲目从众心理,对别人都在做什么、说什么或别人都不做什么非常敏感,极易受其他人影响,缺乏个人判断,也不分析自己适合干什么。四是盲目自信心理,总能找到更好的、总能考上是这部分毕业生的口头禅。五是自我中心意识强烈,唯心主义倾向明显,主观而非客观、想象而非实际地总结个人素质,自大和自卑并存。六是对岗位不做全面考察,仅凭岗位名称、单位名称、就业地域等做出主观评判,甚至以不健康的理念对岗位判贵贱、评等级。坚持以马克思主义理论、习近平新时代中国特色社会主义思想塑造毕业生的就业思想观念,纠正不正确、不科学的就业思想观念,是就业育人的重要任务。

3. 虚假的"理性认识"是就业育人的难点

高校毕业生的就业思想观念，多数并非基于个体的需要而形成的，而是在传统的和现代的、民族的和西方的、听闻的和实证的等多元思想观念的影响下形成的，似乎是具有充足理由的理性判断。许多错误的、不客观不科学的思想观念，往往也有清晰的逻辑，但考察其逻辑起点和前提，就会发现它们存在着消极的、否定的非理性因素，是建立在虚假前提之上的逻辑推理和认知判断。例如，在日常生活中经常能听到的"不想当将军的士兵不是好士兵""人往高处走，水向低处流"等说法，听起来很有道理，但用在就业上却与主流思想南辕北辙。这些看似理性其实并不理性的认识，在高校毕业生中广泛存在。考研热、考公热、慢就业等现象的持续发酵，其背后就有着强势的非理性认识，是就业育人难啃的"硬骨头"，对就业育人的理论地位、理论创新和育人成效都是巨大的挑战。

第三章

"大思政"视域下高校就业育人的原则遵循

"大思政"视域下推进高校就业育人,需要筑牢底线意识和规则意识,认真学习贯彻习近平总书记关于做好高校毕业生就业工作的重要指示精神,聚焦落实立德树人根本任务,始终牢记"为党育人、为国育才"使命。中共中央、国务院印发的《关于加强和改进新形势下高校思想政治工作的意见》指出,为实现"两个一百年"奋斗目标、实现中华民族伟大复兴的中国梦,培养又红又专、德才兼备、全面发展的中国特色社会主义合格建设者和可靠接班人,是加强和改进高校思想政治工作的指导思想。因此,就业育人的落脚点是要回应和解决"培养什么样的人,如何培养人,为谁培养人"这一根本问题。按照胸怀大局、把握大势、着眼大事的基本思路,体现新时代就业育人的时代要求,就业育人应当与实现中华民族伟大复兴、大国人才竞争、高等教育改革发展相联系;应当坚持教育的理论性和思想性,全面贯彻党的教育理念和基本方略;应当积极回应现实需要,以问题为靶向,着力解决大学生在就业过程中面临的现实困境。

一、坚持时代性原则

教育的时代性,体现为教育的目标任务、方针原则、内容要求和方法手段等与时代环境、时代需求相适应。就业育人要取得良好效果,关键就在于体现时代性。当前的国际竞争,归根结底是人才竞争。人才能否为我所用,不仅是就业问题,更是事关国家安全的战略性问题。从改革发展的角度看,推进就业育人也是高校"大思政"教育的重要一环,是育人环节中的"闭环"和"最后一公里"。能否做好就业育人,影响着高校人才培养工作总体评价的高低。只有体现时代性,才能结合国内外发展趋势和当代大学生的就业需求,提升就业育人工作的创造性、针对性、实效性,使高校就业育人更具吸引力和感染力。

(一)回应强国之路的时代要求

2021年,教育部印发新修订的《高等学校思想政治理论课建设标准(2021年本)》,进一步强化"大思政"在改造主观世界、武装青年、培养坚强的接班人中的重要地位。党的十九届六中全会通过的《中共中央关于党的百年奋斗重大成就和历史经验的决议》提出,推动理想信念教育常态化、制度化,完善思想政治工作体系,建立健全党和国家功勋荣誉表彰制度,设立烈士纪念日,深化群众性精神文明创建,建设新时代文明实践中心,推动学习大国建设。这是以习近平同志为核心的党中央站在历史和全局高度提出的重大战略任务,是推动"大思政"的根本遵循,是凝聚中华民族伟大复兴合力的迫切需要。"大思政"视域下推动高校就业育人,要结合新时代的特点,遵循教育规律和人才成长规律。

1."百年奋斗史"彰显凝聚英才的时代价值

在百年奋斗历程中,"我们党始终重视培养人才、团结人才、引领人才、成就人才,团结和支持各方面人才为党和人民事业建功立业"[①]。在革命年代,我们党提出政治路线确定之后,干部就是决定的因素;在改造和建设年代,我们党又提出尊重知识、尊重人才,人才是第一资源。纵观党的百年奋斗史,中国共产党一直把人才视为重要资源,始终求贤若渴、珍视人才。一代又一代优秀人才接续投身党和人民的伟大事业,在革命、改造和建设的壮阔历史进程中写下动人的精彩篇章。

早在1921年8月,毛泽东等人便利用船山学社的社址和经费创办了湖南自修大学,这是中国共产党成立后全国第一所研究、传播马克思列宁主义,培养革命干部的新型学校。1924年,刘少奇带领工人、学生在江西创办了中国共产党最早的党校——安源党校。随后,在整个革命年代,中国共产党还创办了陕北公学、中国女子大学等一大批学校,系统传播先进革命思想,培养革命先锋队。仅中国人民抗日军事政治大学一所学校,在整个抗战期间便为党和人

---

① 中共中央宣传部.习近平新时代中国特色社会主义思想学习纲要(2023年版)[M].北京:学习出版社、人民出版社,2023:131.

民的革命事业培养了数十万干部,为民族解放事业做出了重大贡献。

新中国成立后,为更好地学习苏联的经验,有计划地培养国家建设干部,我们党建立了中国人民大学,随后还将中国人民大学、哈尔滨工业大学、北京大学、清华大学、北京农业大学确定为第一批重点建设大学。在"七五""八五"时期,重点建设大学扩展至15所。1984年,又确立了首批22所高校设立研究生院。人才培养的重要转折出现在1995年前后,我们党为缩小与世界一流高校的差距,实施了"211工程",又于1998年实施"985工程"。这是党和政府实施科教兴国战略的重大举措,是中华民族面对世纪之交的国内外形势而做出的发展高等教育的重大决策。2019年,"211工程""985工程"合并为"双一流"建设项目。仅2022年,"双一流"高校便有75万名毕业生走上工作岗位,成为各行业的中坚力量。

从党对高校建设事业的重视可以看出,党的奋斗史也是一部集聚人才、造就人才的历史。当前,我国进入全面建成社会主义现代化强国的新征程,我们比历史上任何时期都更加接近实现中华民族伟大复兴的宏伟目标,也比历史上任何时期都更加渴求人才。面对统筹伟大工程、伟大斗争、伟大事业的需要,每一位高校毕业生都应当以实现民族复兴为己任,自觉做到立大志、明大德、成大才、担大任,在各自岗位上发挥应有作用。

2. 错综复杂的国际环境凸显就业育人的人才战略意义

习近平总书记指出:"要坚持党管人才原则,聚天下英才而用之,加快建设人才强国。"[①]世界各发达国家和地区均把人才视为战略性资源,通过搭建大型科研平台、提供优厚生活待遇等方式在全球范围内招贤纳士。例如,欧洲核子研究中心大型强子对撞机项目吸引了近80个国家和地区的7000多名科学家参与。英国在2020年7月提出设立国家人才办公室,拨款3亿英镑支持各类研发机构,开放无限额的全球人才签证,简化一切繁文缛节,大力延揽全球最优秀的科学家、研究人员和企业家。美国于2022年推出STEM人才移民政策,

---

① 习近平.习近平著作选读:第2卷[M].北京:人民出版社,2023:53.

即科学（Science）、技术（Technology）、工程（Engineer）和数学（Mathematics）方面的优质人才，来提升国家竞争力。一些国家还通过发动贸易战、制造经贸壁垒，限制技术和人才流动。如此种种充分证明，即便是在经济全球化的今天，人才仍然是一个国家参与和赢得大国竞争的重要支撑力量，是具有国别属性的重要战略资源。

党的十九届五中全会明确提出到2035年我国进入创新型国家前列、建成人才强国的战略目标。习近平总书记在中央人才工作会议上指出："国家发展靠人才，民族振兴靠人才。我们必须增强忧患意识，更加重视人才自主培养，加快建立人才资源竞争优势。"[①]因此，面向世界科技前沿、面向经济主战场、面向国家重大需求、面向人民生命健康应当成为做好人才工作的目标方向。青年群体要深怀爱国之心、砥砺报国之志，主动担负起时代赋予的使命和责任。特别是进入后疫情时期，国际关系格局发生深刻变化，我国经济发展正处于爬坡过坎、转型攻坚的重要关口，处于蓄势崛起、跨越发展的关键时期，需要进一步提升供应链的完整化、高端化。这些都离不开高素质人才的有力支撑。

因此，加强高校毕业生就业引导，走好人才自主培养之路，加强人才国际交流，用好用活各类人才，鼓励或吸纳更多高水平人才在本国就业、回国就业是一项需要长期坚持的用人方针。高校就业育人工作应当牢固树立人才是第一资源的观念，在就业服务、生涯教育、就业管理中积极贯彻党的育人理念，以鲜活的正面案例加强育人指导，用好择业观、就业观的现实素材，引导高校毕业生将祖国取得的伟大成就、个人的报国热情与自己的学业职业相结合，把个人理想与祖国命运、民族命运结合起来，树牢立足本职、服务社会、报效祖国的愿景，在新时代做出应有的贡献。

3. 突破振兴瓶颈彰显就业育人的资源优势

早在2016年5月30日召开的全国科技创新大会、两院院士大会、中国科协第九次全国代表大会上，习近平总书记就曾指出："同建设世界科技强国的

---

① 习近平.深入实施新时代人才强国战略 加快建设世界重要人才中心和创新高地[J].求是，2021(24)：5.

目标相比,我国发展还面临重大科技瓶颈,关键领域核心技术受制于人的格局没有从根本上改变。"[①]一些尖端科技领域存在短板,如芯片、发动机、材料、数控机床、工业软件等,一旦受到某些霸权国家制裁,相关产业就会受影响。世界知识产权组织等机构发布的2021年全球创新指数报告显示,我国的创新力排名为第12名,虽然居中等收入经济体首位,但与我国的整体经济实力不匹配,还落后于新加坡、韩国等国家。中国同世界主要发达经济体在高端技术领域的竞争已经进入"白热化"阶段。

不论是科技竞争还是创新竞争,其背后都是人才竞争。日趋激烈的国际人才竞争将常态化,我国当前各领域所遭受的"卡脖子"技术困境背后就是人才和技术的不足。在2021年全球人才竞争力指数报告中,我国仅位列第37位。从增速上讲,我国第一次跻身世界前40位,进展喜人;但从水平来讲,依然与我国的发展目标和大国水平不适应,仍有很大差距需要填补。我国虽然拥有较为领先的基础教育,拥有庞大的高校规模,拥有最全的工业门类,但在吸引人才上还处于相对劣势的地位。

要将高校就业规模转化为人才资源规模,就需要在大学生整个就业生涯中做好职业生涯规划和就业帮扶。要以"大思政""三全育人""五育并举"等教育理念为指引,建立健全课堂教学、自主学习、实习实践等就业课程体系,将传统的综合性知识传授转变为综合性人才培养。对在校期间本身有技能的大学生群体,应当明确"就业"的存量,用好"育人"的增量,提供足够优质的就业机会,鼓励大学生本地就业,为本地技术产业提供智力支撑。有成果的大学生群体应当积极对接高技术产业,加快科研成果的转化与应用,为发展高端制造业创造条件。与此同时,高校应当切实加强职业生涯教育,鼓励大学生热爱本专业、本职业,锤炼自身专业领域的技能本领,实现更加充分更高质量就业,成长为本领域的行家里手。

[①] 习近平.为建设世界科技强国而奋斗——在全国科技创新大会、两院院士大会、中国科协第九次全国代表大会上的讲话[N].人民日报,2016-06-01(2).

（二）落实担当使命的时代责任

习近平总书记在庆祝中国共产党成立100周年大会上指出："新时代的中国青年要以实现中华民族伟大复兴为己任，增强做中国人的志气、骨气、底气。"[①]中华民族伟大复兴，绝不是轻轻松松、敲锣打鼓就能实现的。《教育部关于做好2022届全国普通高校毕业生就业创业工作的通知》（教学〔2021〕5号）明确指出，就业工作要建立健全就业育人支持体系，各地各高校要把就业教育、就业引导全面纳入大学生思想政治教育体系，多种形式开展就业育人主题教育系列活动，引导毕业生树立正确的职业观、就业观和择业观。伟大梦想需要与个人实际工作相结合，与生动实践相联系。高校毕业生就业是落实教育优先发展与坚持教育优先战略的结合点。全方位落实就业育人，就是要在就业工作中激励引导大学生把择业与国家发展大局相结合，与社会发展需要相适应，努力做到与国家社会发展同向同行。

1. 就业育人视角下大学生使命担当的内涵

就业育人激励大学生担当起自己的历史使命，在时间上属于事前教育，是在大学生走上工作岗位前的精神教育；在性质上属于马克思主义理想信念教育的一部分，即引导大学生"正确认识时代责任和历史使命，为学生点亮理想的灯、照亮前行的路，激励学生自觉把个人的理想追求融入国家和民族的事业中，勇做走在时代前列的奋进者、开拓者"[②]。

马克思认为："作为确定的人，现实的人，你就有规定，就有使命，就有任务，至于你是否意识到这一点，那都是无所谓的。这个任务是由于你的需要及其与现存世界的联系而产生的。"[③]也就是说，人的本质是一切社会关系的总和，每个人的存在和发展都离不开社会的支撑和帮助，每个人都应当为社会承担相应的责任。马克思从人的本质角度揭示了人的使命担当的社会客观性，为高校开展就业育人提供了理论源泉。

---

① 习近平.习近平著作选读：第2卷[M].北京：人民出版社，2023：488.
② 习近平.习近平谈治国理政：第2卷[M].北京：外文出版社，2017：377-378.
③ 中共中央马克思恩格斯列宁斯大林著作编译局.马克思恩格斯全集：第3卷[M].北京：人民出版社，1960：329.

新中国成立后，中国共产党在推进大学建设中传承和发展了马克思主义关于青年使命担当的思想，对高校学子提出了殷切希望，作出了一系列要求。1957年，毛泽东在莫斯科会见我国留学生实习生时指出："世界是你们的，也是我们的，但归根结底是你们的。你们青年人朝气蓬勃，正在兴旺时期，好像早晨八九点钟的太阳。希望寄托在你们身上。"[①]邓小平指出："（青年人）要有一股艰苦奋斗的创业精神。中国搞四个现代化，要老老实实地艰苦创业。我们穷，底子薄，教育、科学、文化都落后，这就决定了我们还要有一个艰苦奋斗的过程。"[②]江泽民提出："要使国家富起来，就需要有一批有志气的青年人，到贫困的地方去，到艰苦的地方去，改变那里的贫困落后面貌。"[③]青年大学生要把个人前途和国家前途结合起来，在建设社会主义强国的事业中锻炼成长。胡锦涛要求青年大学生"勇敢地担负起历史重任，同广大人民群众一道，奋力开创中国特色社会主义事业新局面，让伟大的五四精神在振兴中华新的实践中放射出更加夺目的时代光芒"[④]。党的十八大以来，习近平总书记从实现中华民族伟大复兴的高度，反复告诫青年大学要当实干家，"担当使命任务，到新时代新天地中去施展抱负、建功立业，争当伟大理想的追梦人，争做伟大事业的生力军，让青春在祖国和人民最需要的地方绽放绚丽之花！"[⑤]

这些经典论述，无不深刻揭示了"大思政"视域下高校就业育人引导大学生担当使命的本质和内涵。青年大学生在就业中也应当自觉选择崇高信仰，自觉承担建设中国特色社会主义事业的重任。

2. 就业育人视角下大学生使命担当的内容

就业育人主要引导大学生在择业和从业过程中，应当以什么样的心态、什么样的目的和什么样的行动去践行使命担当。

---

① 中共中央宣传部教育局，等.马克思主义著作青年读本导读[M].北京:人民出版社，1992:362.

② 邓小平.邓小平文选:第2卷[M].北京:人民出版社，1994:257.

③ 张继伟.青年同志们，奋发努力啊——江泽民总书记关怀青年和青年工作纪实[N].人民日报，1998-06-21(1).

④ 胡锦涛.在同中国农业大学师生代表座谈时的讲话[M].北京:人民出版社，2009:4.

⑤ 习近平.习近平谈治国理政:第4卷[M].北京:外文出版社，2022:275.

一是要引导大学生自觉担当国家和民族振兴的历史使命。当代大学生作为社会和国家的建设者和接班人,应当自觉坚定理想信念,坚持用习近平新时代中国特色社会主义思想武装头脑,深刻把握近代以来无数仁人志士立志挽救国家和民族、寻找国家富强和民族独立的道路的崇高理想;把对历史使命的认识建立在对历史规律的正确认识上,对基本国情的准确把握上,对党的艰辛历程的深切学习上,牢固树立"四个意识",不断增强"四个自信",坚决拥护中国共产党的领导,始终保持强烈的责任感、使命感,深刻把握历史新方位和时代新特点,明大势、识大局、知大任。在未来的工作岗位上敢于担当,直面矛盾,迎难而上,做时代的劲草真金,善于把在学校所学的科学文化知识和工作中的实践经验进行理论的再概括和再应用,将民族复兴的中国梦与个人事业追求结合起来,积极投身全面建成社会主义现代化强国的伟大事业中。

二是要引导大学生自觉担当社会和人民需要的时代责任。具体而言,大学生走上工作岗位后,要正确认识社会责任同个人理想之间的关系。个人理想是在物质生活、精神生活、道德情操和职业操守等方面的追求和向往,要以自身所处的客观条件和自己的主观条件为根据。[①]每个人所处的社会环境、工作生活环境以及个人经历、年龄和兴趣爱好等不同,所能担当的范围、任务等也有所差异。要引导大学生摆正心态,既要学会与他人比较,又要学会同自己比较,结合个人能力做出合适的行为。要引导大学生懂得比学赶帮,重视学习,将远大抱负划分为各个阶段的小目标,善于抓住人生中每个阶段的主要矛盾,集中力量处理好关键性问题。

三是要引导大学生自觉担当家庭发展需要的时代责任。习近平总书记指出:"我们要重视家庭文明建设,努力使千千万万个家庭成为国家发展、民族进步、社会和谐的重要基点,成为人们梦想启航的地方。"[②]在家尽孝、为国尽忠是中华民族的优良传统,要引导大学生走出校园后主动承担家庭责任,在时间、精力等的分配上妥善处理家庭与工作的关系,既学会经营事业、友情,也要学

[①] 吕艳男.当代大学生正确认识与处理个人理想和共产主义远大理想关系的研究与实践[J].学周刊,2015(29):219.

[②] 习近平.习近平著作选读:第1卷[M].北京:人民出版社,2023:544.

会经营亲情和爱情;既善于奉献"大家",也善于经营"小家"。同时,要学会用良好的家风涵养优良的工作作风,用忠诚家风、清廉家风、实干家风为优良工作作风的培养供给营养,铸牢正确的人生观、价值观、事业观。

(三)助力改革攻坚的时代任务

全面深化改革是关系党的各项事业整体谋划、整体部署、整体推进的一项重大战略。集中力量解决发展急需、群众急难愁盼的突出问题,推动改革更好地服务党和国家工作大局,是统筹推进各项事业改革的题中之义。在高等教育领域,"大思政"走好基础学科人才自主培养之路,加快建设高质量基础学科人才培养体系,是当前急需解决的突出问题。同时,培养好人才,应用好人才,让高质量基础学科人才在各行业发挥作用,最大限度满足高校毕业生及其家庭对未来生活的美好期待,也是对群众"急难愁盼"的突出问题的回应。

中央全面深化改革委员会第十六次会议强调,要继续深化教育领域综合改革,全面贯彻党的教育方针,紧扣落实立德树人根本任务深化教育改革,努力构建德智体美劳全面培养的教育体系。这就要求在教育领域的改革中,要围绕根本任务,切实提高高校人才培养质量,讲好用好新时代的"大思政",激活社会"大课堂",汇聚全社会育人"大能量",进一步激发广大青少年坚定实现民族复兴的信心和决心,为各行各业培养更多德才兼备的时代新人。

1. 围绕国家经济社会发展形势强化供给侧就业育人改革

供给侧结构性改革,是我国为避免陷入中等收入陷阱、适应经济发展新常态、提供经济发展新动力而进行的一项改革措施。从人才向外输送的角度来看,高校是提供人才的供给方,用人单位是使用人才的需求方,居于其间的毕业生则带有供给和需求双重属性。

教育部的统计数据显示,我国2021届高校毕业生规模为909万人,比2020年增加35万人。2022届高校毕业生达到1076万人,数量和规模均创历史新高。全国各地实施的各项人才引进政策和海外留学人员归国等因素,增大了大学生的就业压力。大学生就业市场出现"升学躲避就业""高职低就""毕业即失业"等现象,进一步加剧了就业过程中供需不平衡的问题。

高校要全方位落实就业育人,助力改革攻坚,应当首先从供给侧入手。一是调整人才培养方案,重视学生个性化能力培养,积极探索人才培养新模式。比如,探索"行企园所校"一体化人才培养模式,积极鼓励硕博人才进园区,加快科研成果转化;积极对接本地优势产业,整合优势特色学科,将就业能力提升融入日常教育。二是高度重视职业发展规划教育,构建分阶段、分层次的就业指导体系。大学一年级以活动为主线,鼓励学生参与校内外各项实践活动,培养学生的逻辑思维、语言表达、组织协调等基础性能力;大学二年级、大学三年级以专业为主线,鼓励大学生参加专业技能竞赛,打牢专业基础,并结合自己的专业特长,初步明确自身的职业发展方向;大学四年级以实习为主线,采用"一对一""点对点"的方式,积极发掘有特长的学生,发挥"头雁"效应,同时加强心理帮扶,帮助学生进一步明确未来求职和就业的去向。三是强化创新创业教育,及时向学生传达党和政府的创业帮扶政策,搭建平台邀请优秀企业家和杰出人才现身说法坚定创业自信,组建校内外优秀创业团队发挥示范带动作用,通过一系列举措使学生从入学起就能够产生创新创业热情,认同"把创新摆在国家发展全局的核心位置"的理念,以创业带动就业。

2. 围绕大学生多样化发展愿景强化需求侧就业育人改革

需求侧与供给侧是一体两面的系统工程。需求侧就业育人改革的核心是激发大学生就业的主动性和创造性,满足毕业生的就业需要,是一项促进学生由内化转向外化的行动。一方面,要理解毕业生的直接需求,如"事少钱多离家近""月入过万"都反映了学生就业过程中的愿景,另一方面,也要把握毕业生的间接需求,如"太卷了吧""太阳好大,我要进厂打螺丝"则反映了一些毕业生走上工作岗位后对未来的迷茫和焦虑。因此,从需求侧推进就业育人改革,重点要加强"大思政"视域下大学生的就业观念教育、就业能力教育和就业心态教育。

第一,加强大学生就业观教育,包括平等就业观、竞争就业观、自主择业观等。如前所述,在全面深化改革进入深水区、攻坚期,经济社会各领域均在进行深度调整变革的情况下,高校应当积极引导学生开展多路径的职业生涯规划,有步骤地提升职业规划能力,尽早确立职业发展目标,提高就业竞争力,提升就业质量。高校应当教会学生准确进行自我定位,借助六何分析法、SWOT分析法等进行职业生涯自我评估,引导学生在目前的就业形势下有意识地培养自己成为"有才之人",在"考研热"持续升温的大环境下处理好考研和就业的关系,及时获取最新就业信息并把握时机,科学决策,明确就业胜任力和就业能力之间的差距,进一步明确自身的就业需求。

第二,加强大学生就业能力教育。随着国际科技竞争进入关键时期,我国围绕突破高新技术瓶颈进行了一系列布局。2022年政府工作报告强调,要促进数字经济发展,包括加强数字中国建设整体布局,加快发展工业互联网,培育壮大集成电路、人工智能等数字产业,提升关键软硬件技术创新和供给能力,完善数字经济治理等重点领域。与此同时,在数字经济的指引下,各行业、企业之间的交叉跨越发展、边界融合整合也对人才提出了新要求。这就要求高校在就业育人的过程中,引导学生树立"一元主导,多元并存"的职业理念和终身学习的理念,切实提高个人综合素质,构建高素质人才所需要的知识体系、能力体系和价值体系。高校要提供智力支持、平台支持和信息支持,全方位提高大学生的就业能力。

第三,加强大学生就业心态教育。高校要引导学生在观念上进行自我调整,及时适应不断变化的社会发展形势。前程无忧发布的《2021中国重点大学应届毕业生求职状况报告》显示,有超过六成的毕业生认为找工作比较难,计划继续深造的本科生比例达40%。智联招聘与中国人民大学中国就业研究所发布的《2021年高校毕业生就业市场景气报告》显示,2021年第一至第四季度的全国就业景气指数中,高校毕业生指数低于全国水平。麦可思研究院发布的《2021年中国大学生就业报告》显示,全国大学毕业生最高平均收入达到6475元。通过这些数据可以看出,大学生将来就业所面临的就业竞争状况、就业前景、经济收入等关键指标可能与大学生在校期间的预期有较大出入。高校在进行大学生就业育人指导时,应当主动向学生介绍当前就业形势,引导学生直面择业中及就业后将要遇到的困难,学会主动进行就业心理调适,树立坚强的就业心态。

二、坚持思想性原则

"大思政"视域下的就业育人,思想性原则仍然是重中之重。这是由就业育人的性质所决定的,是坚持马克思主义教育观在就业领域的指导地位的必然要求。具体而言,就是要引导学生坚定理想信念、坚持"四为服务",成长为能担当民族复兴重任的时代新人。这就要求高校就业工作者在开展就业育人教育实践中,始终坚持立德树人根本任务,聚焦以生为本育人理念,着眼"四为服务"目标导向,引导学生厚植爱国主义情怀,培养奋斗精神,把就业看作坚持和发展中国特色社会主义事业、全面建成社会主义现代化强国、实现中华民族伟大复兴的生动实践。

(一)坚持立德树人根本任务

《教育部关于做好2021届全国普通高校毕业生就业创业工作的通知》提出,各地各高校要把毕业生就业作为立德树人的重要环节,作为"三全育人"的重要内容,不断健全"就业思政"工作体系。基于就业育人的立德树人,其落脚点在于培养人才,其核心要义仍是解决"培养什么样的人,怎样培养人,为谁培养人"这一根本问题,同时也在就业视角下反映出其独特内涵。

1. 紧扣"培养社会主义建设者和接班人"目标

"为谁培养人",其实质是要回答"大思政"中就业育人的基本性质和根本价值的问题,是开展就业工作的理论基础。回顾古今中外教育史,不同历史时期、不同政权都会根据自己的政治体制、发展需求等因素确定教育的根本目标。我国作为人民民主专政的社会主义国家,高校的育人目标必须也只能是为社会主义事业的发展服务。高校毕业生走出校园后,也只有与最广大的人民群众站在一起,才能最大限度地激发自己创业的热情。明确"为谁培养人",是高校就业育人回归党的初心使命、扎根中国大地办教育的生动体现。

早在革命战争年代,毛泽东同志就十分重视青年知识分子和工农群众相结合的问题,提出了"谁是我们的敌人?谁是我们的朋友?这个问题是革命的首要问题"[①]这个光辉论断,并且告诫广大知识青年,与工农群众相结合不是一朝一夕的事,而应当持之以恒。

党的十八大以来,以习近平同志为核心的党中央十分关心高校毕业生的去向问题。中共中央办公厅、国务院办公厅印发的《关于进一步引导和鼓励高校毕业生到基层工作的意见》强调,多渠道开发基层岗位,为高校毕业生到基层工作搭建平台。这表明国家明确支持高校毕业生到中西部地区、东北地区和艰苦边远地区工作,到基层创新创业,把基层作为高校毕业生成长成才的重要平台。习近平总书记在给中国石油大学(北京)克拉玛依校区毕业生亲切回信中,也高度赞扬他们到边疆基层工作的人生选择,勉励广大青年学子志存高远、脚踏实地,不畏艰难险阻,勇担时代使命,把个人的理想追求融入党和国家事业之中,为党、为祖国、为人民多作贡献。

因此,"大思政"全方位就业育人,应当紧扣"为谁培养人"这一根本目标,努力培养一流人才,服务国家战略需求,鼓励、引导大批高校毕业生到基层工作,进一步发挥高校毕业生在促进基层经济社会发展中的作用,为乡村振兴战略提供有力支撑。

2. 抓牢"以树人为核心,以立德为根本"育人方法

党的十八大以来,习近平总书记不仅提出了"怎样培养人"这一命题,也为这一命题提供了基本方法论,其核心要义就是"以树人为核心,以立德为根本"。"立德",就是要在就业育人过程中引导大学生明大德、守公德、严私德,特别是恪守职业道德规范。"树人",就是要培养一代又一代拥护中国共产党领导和我国社会主义制度、立志为中国特色社会主义事业奋斗终身的有用人才。习近平总书记对这一方法也做出了一系列经典论述,如强调"高校要坚持把立

---

① 毛泽东.毛泽东选集:第1卷[M].2版.北京:人民出版社,1991:3.

德树人作为中心环节"[①],"人生的扣子从一开始就要扣好"[②],"把思想政治工作贯穿教育教学全过程"[③],等等。习近平总书记的这些方法论,为在"大思政"视域下全方位开展就业育人指明了方向。

抓牢立德树人育人方法,需要上好就业"大思政"课。就业课程中贯穿"大思政",就是要开展马克思主义理论教育,用习近平新时代中国特色社会主义思想铸魂育人,把为什么要服务基层、为什么要联系广大人民群众等道理讲深讲透讲活,使大学生从根本上认同党的人才方针、就业方针,愿意为党的宏伟事业而奋斗,从而达到沟通心灵、启智润心、激扬斗志的目的。因此,高校要按照"大思政"课程一体化建设的要求,推进就业指导教材变革,牢牢把握教材的政治方向和价值导向,切实加强就业教材思政案例的融会贯通;切实加强"大思政"、理论课和实践课的融会贯通,积极开展就业类社会实践活动,比如"模拟职场大赛""企业见习实习",不断增强大学生的政治认同和价值认同,激发爱国之志和报国之行。

抓牢立德树人育人方法,还需要培育就业"大思政"课教师队伍。培养社会主义建设者和接班人,迫切需要我们的教师既精通专业知识,又涵养德行。学校可以在就业指导课中推进"双师思政实验课"计划,探索"双师型"思政课改革,吸纳、补充具有企业生产一线经验的"双师型"教师。企业一线生产者、管理者进入就业"大思政"课教师队伍,能够用鲜活的一线案例增强就业课的生动性,提高就业育人实效。

3. 坚守"为党育人,为国育才"价值底线

夫尚贤者,政之本也。国家发展靠人才,民族振兴靠人才。将就业育人作为高校就业工作的根本遵循,是贯彻党的教育方针的直接体现,是立德树人的必然要求,也是提高高校人才培养质量、为中国式现代化提供坚实人才支撑的

---

① 教育部课题组.深入学习习近平关于教育的重要论述[M].北京:人民出版社,2019:226.
② 中共中央文献研究室.习近平关于社会主义文化建设论述摘编[M].北京:中央文献出版社,2017:117.
③ 习近平.习近平谈治国理政:第2卷[M].北京:外文出版社,2017:376.

重要保障。只有保证高校学生的就业,保证人才不被埋没,才能真正达到"为党育人,为国育才"的目的,落实就业育人的理念。

人才问题是关系党和国家事业发展的根本问题。党和国家高度重视人才工作,于2002年首次提出实施人才强国战略。在2021年9月召开的中央人才工作会议上,习近平总书记强调:"深入实施新时代人才强国战略,全方位培养、引进、用好人才,加快建设世界重要人才中心和创新高地。"①

就业是最大的民生,要深入实施就业优先战略和积极就业政策,实现更高质量和更充分就业。2018年7月,中央政治局会议提出"六稳"政策,"稳就业"居于首位。2019年全国两会上,就业优先政策首次和财政政策、货币政策并列为国家宏观政策。2020年全国两会上,"保就业"又成为"六保"之首。大学生就业不仅是高等教育为国家经济社会发展提供人才支撑的关键环节,也是国家宏观经济的重要指标,事关千家万户的民生福祉,是党中央、国务院、各级政府、社会各界、高校和学生家庭关注的焦点问题。做好大学生就业工作,不仅要提高人才培养质量,也要做好生涯教育和就业指导等就业育人工作。

《教育部关于推动高校形成就业与招生计划人才培养联动机制的指导意见》指出,要把思想价值引领贯穿就业指导、渠道拓展、服务保障等各环节,促进思想政治工作与就业工作互融互通。就业育人工作通过职业价值观引领、职业知识传授、求职技能培训和就业实习实训等环节,体现教书育人、实践育人和服务育人,其本质是育人。

高校生涯教育通过生涯意识唤醒、生涯目标确定、生涯能力提升、生涯决策行动等环节,促进学生自我探索、职业探索、人职匹配,是落实就业育人理念的行之有效的工作载体。针对当前高校毕业生就业工作面临的主客观问题,高校要以就业育人为宗旨,建设精准化生涯咨询体系,聚合资源开展生涯规划课程,促进生涯教育和思政教育、专业教育的有机融合,促进毕业生充分、高质量就业。

---

① 科学技术部编写组.深入学习习近平关于科技创新的重要论述[M].北京:人民出版社,2023:22.

（二）聚焦以生为本育人理念

以生为本的实质是以人为本。我国古代先贤在治国理政中便提出过这一理念。《管子·霸言》中写道："夫霸王之所始也，以人为本。本理则国固，本乱则国危。"在当代，我们党始终坚持人民至上，将以人为本确立为中国特色社会主义理论体系的重要组成部分。这一概念落脚到高校，则演化为以生为本，且成为必须遵循的一项育人方针。高校就业育人过程中落实以生为本，就是要求学校在就业工作过程中，始终以学生的视角、学生的利益为出发点和落脚点，关注学生个体差异和成长规律，了解学生就业需求和发展愿景。

1. 将以生为本理念贯穿就业育人

以生为本地开展就业育人，就是有条理、有目的、有针对性地开展就业指导。一方面，"生"既指每一个学生，也指学生群体。就业育人既要做到统一化，也要做到差异化，因材施教，差异管理，力求关注到每一位学生的职业发展需求，从而制订个性化的就业育人方案，促进学生个性化发展。另一方面，学校就业指导部门、相关辅导人员应当善于转换身份，积极调动学生的主观能动性，引导学生自主进行职业生涯规划、自主开展就业生涯管理。

一是探索和实施育人主体的多元化、全面化，构建融学校、家庭、政府、朋辈为一体的育人机制，实现育人主体从单一向多维、从少数向多数的转变，调动全员就业育人。高校要调动这些"大思政"主体的正向因素，以政策、组织、制度、课程、管理、服务、环境、文化、行为示范等显性育人因素和隐性育人因素，引导学生树立社会主义核心价值观和正确的就业观，从而养成良好的职业道德、社会公德和创新创业精神。近年来，家校企社协同就业育人出现了许多经典案例，例如《人民日报》曾于2020年发表了专题报道《毕业生苏海超找工作，妥了！》，印证了高校深入挖掘全员就业育人因素能够带动和提高学生就业质量。

二是增强就业育人的衔接度，将原有的点式、分布式的就业指导进行整体规划、整体部署，构建就业育人体系。"大思政"既要重视新生入学后的专业教育、职业规划教育，也要重视毕业时期的就业指导教育，还要重视大学生涯中间阶段的能力提升、价值观塑造、创新创业实践,从而使就业育人工作形成"闭环式"管理。

三是着力构建全方位的就业育人立体生态系统。"大思政"不仅要依靠传统的课程和辅导,还要挖掘专业课程、团学活动、党团建设、校企合作中的就业育人元素,时刻以学生发展为目标,调动一切积极因素,为学生提供个性化的就业指导服务,鼓励学生积极参与就业指导教学活动,引导学生自我管理、自我约束和自我教育。

2. 坚持以生为本就业育人基本原则

一是以成长为基础。就业育人的核心目标是实现学生在就业价值观、就业能力方面的同步提升。因此,"大思政"视域下就业育人的过程本质上是引导学生成长的过程,引导学生关注国内外经济发展动态,了解和学习党和政府的就业政策,掌握本地就业信息。因此,高校就业工作者不能仅仅以上级考评为准绳,单纯依靠就业率、升学率等数据来评价就业育人效果,而应当加强对学生就业后的跟踪回访,了解学生在用人单位的表现,注重社会评价和个体评价,进一步铸牢学生的就业观、成才观和义利观。

二是以幸福为目标。追求幸福是人的本质需求。恩格斯就曾说过:"在每一个人的意识或感觉中都存在着这样的原理,它们是颠扑不破的原则,是整个历史发展的结果,……例如,每个人都追求幸福。"[1]习近平总书记也提出:"人民群众什么方面感觉不幸福、不快乐、不满意,我们就在哪方面下功夫。"[2]就业育人工作既要能够让学生获得幸福感,也要引导学生学会享受幸福、追求幸福。对即将走上工作岗位的毕业生而言,薪资待遇、就业环境、发展前景、同事关系等都能成为影响幸福感的关键因素。在就业育人过程中,高校应当根据"本着学生幸福、向着学生幸福、为着学生幸福"的要求,引导学生正确看待物

---

[1] 中共中央马克思恩格斯列宁斯大林著作编译局.马克思恩格斯全集:第42卷[M].北京:人民出版社,1979:373-374.
[2] 中共中央宣传部.习近平新时代中国特色社会主义思想学习问答[M].北京:学习出版社、人民出版社,2021:334.

质报酬、婚姻家庭、职场竞争,培养积极向上的工作心态和生活心态;学会合理看待人与人之间的差距,既要有"工作狂"的斗士心态,也要像"小清新"一样享受当下生活,懂得发现、创造和享受幸福,在工作中感悟美好人生。

(三)着眼"四为服务"目标导向

2016年12月,习近平总书记在全国高校思想政治工作会议上发表了重要讲话,明确提出了高等教育"四为服务"的发展方向,即:为人民服务,为中国共产党治国理政服务,为巩固和发展中国特色社会主义制度服务,为改革开放和社会主义现代化建设服务。"四为服务"是由我国特有的历史文化传统、社会政治制度和基本国情所决定的,是扎根中国大地办好中国特色社会主义大学必须遵循的根本要求,也是在新时代办好中国特色社会主义高等教育的重要指南。"大思政"视域下的就业育人不仅是落实立德树人根本任务的关键环节,也是高等教育事业发展的重要内容,将其纳入思想政治教育工作是应有之义。就业育人工作作为"大思政"的重要组成部分,也需要牢牢把握"四为服务"的意识。

1. 坚持就业育人工作为人民服务

中国特色社会主义大学,其本质属性是社会主义。社会主义大学坚持的政治方向必须是为人民服务,培养的人才也应坚持为人民服务的根本要求。因此,要将为人民服务的价值取向贯穿于高校"大思政"育人工作中。马克思主义唯物史观认为,只有人民才是创造世界历史的动力。为人民服务不仅是马克思主义唯物史观的集中体现,也是中国共产党的根本宗旨。为人民服务作为"四为服务"的逻辑起点,就是要求"大思政"始终要以服务人民、为了人民为工作重心。

要确保为人民服务的价值取向在就业育人工作中落地生根,就要扎实推进就业育人工作与思想政治教育工作的有效融合。一方面,就业育人工作必须贴近学生,符合学生的发展要求,做到围绕学生、关爱学生、服务学生,让学生在铸魂育人的伟大实践中实现自我价值,到祖国和人民需要的地方去。即将就业的高校毕业生的思想正处于不断变化中,必须按照习近平总书记关于新形势下高校思想政治工作要"因事而化、因时而进、因势而新"的指示精神,遵循思想政治工作规律、教书育人规律和大学生成长规律,增强大学生本领,满足他们实现职业梦想的现实需要,为他们踏入人生下一段旅程做好准备。另一方面,应为大学生提供接触社会的机会和渠道,搭建大学生与人民群众沟通交流的平台,培养他们的主人翁意识和社会责任感,激励更多的毕业生到基层、到西部、到祖国需要的地方建功立业。

2. 坚持就业育人工作为中国共产党治国理政服务

高等教育的本质任务是为中国共产党治国理政服务,这是中国共产党的领导地位和治国理政的实践需求所决定的,因此,高校应该具有维护党的绝对领导权的自觉。党的领导是引领中国特色社会主义高等教育不断发展的最大优势与根本政治保证。高校是党领导下的高校,也是意识形态工作的前沿阵地。就业问题事关大学生的未来发展,事关社会的和谐稳定,更事关国家的建设和发展。因此,"大思政"视域下的就业育人工作应该注重意识形态的引领,让党的领导体现在就业工作当中。

就业育人工作应成为高校落实为中国共产党治国理政服务的重要抓手和载体。一方面,要自觉维护党对就业工作的领导权,确保大学生在就业过程中能够感知到党的声音和政策的引领,自觉践行党的政治主张和时代号召,在就业中加强对党的信赖和支持。高校要使就业育人工作真正发挥作用,就要不折不扣地落实党对就业工作的指示,做好就业和再就业工作。2022年3月,毕业生规模突破千万,加上疫情的影响和经济下行的压力,就业形势复杂。在这种情况下,教育部决定开展全国高校书记校长访企拓岗促就业专项行动,不断发挥党的领导作用,真正凸显党的领导在就业工作中的核心地位。高校党委要全面加强自身建设,身体力行、率先垂范,严格执行、自觉遵守政治纪律,创造良好的就业条件,切实发挥党的领导的核心作用。另一方面,高校对社会的最大贡献是提供智力支撑和人才支撑,围绕中心、服务大局,为党治国理政提供支持。2021年的政府工作报告中，有35处提到就业问题，是对"就业是最大的民生"的真实写照。高校要回应国内环境的挑战、破解民生发展的难题、响应人民群众的期待，就要在就业工作中聚焦党和国家的治国理政方向，坚持马克思主义立场、观点和方法，牢牢把握正确方向，扎实开展就业育人工作，使就业育人工作成为服务党治国理政实践的重要平台。

3. 坚持就业育人工作为巩固和发展中国特色社会主义制度服务

中国特色社会主义是根植于中国大地、反映中国人民意愿和时代发展要求的科学体系。习近平总书记指出："坚持和完善中国特色社会主义制度、推进国家治理体系和治理能力现代化，是关系党和国家事业兴旺发达、国家长治久安、人民幸福安康的重大问题。"[①]"大思政"视域下的就业育人工作要在大学生即将走进社会之时，引导大学生树立巩固和发展中国特色社会主义制度的信念。

中国共产党的百年奋斗史足以证明，只有社会主义才能救中国，只有中国特色社会主义才能发展中国。"大思政"必须引领大学生明确政治站位、政治方向，主动承担起巩固和发展中国特色社会主义制度的历史责任和时代使命。习近平总书记曾经指出："摆在我们面前的一项重大历史任务，就是推动中国特色社会主义制度更加成熟更加定型，为党和国家事业发展、为人民幸福安康、为社会和谐稳定、为国家长治久安提供一整套更完备、更稳定、更管用的制度体系。这项工程极为宏大，必须是全面的系统的改革和改进，是各领域改革和改进的联动和集成。"[②]作为高校教育改革的关键环节，高校"大思政"视域下的就业育人工作必须以巩固和发展中国特色社会主义制度为出发点和目的，在就业工作中培养中国特色社会主义制度的拥护者和建设者。一方面，要不断促进高校就业育人与思想政治教育有机融合，构建多学科、多工作全方位一体化的格局，做好习近平新时代中国特色社会主义思想的传播工作，在思想政

---

① 习近平.坚持和完善中国特色社会主义制度 推进国家治理体系和治理能力现代化[J].求是,2020(1):4.
② 习近平.习近平谈治国理政:第1卷[M].北京:外文出版社,2018:104-105..

治理论课中做好职业生涯规划和就业引导工作,把青年应服务于中国特色社会主义制度发展的道理讲清、讲深、讲透。发挥日常思想政治教育活动的主阵地作用,让大学生在就业实习实践中体验中国特色社会主义制度的优势,明确中国特色社会主义道路的历史必然性,把中国特色社会主义理论具体化、形象化、生活化。另一方面,要不断推进就业育人工作中的理论创新工作,以理论创新带动制度创新,将实际就业工作中的实践经验上升为就业育人理论,再用理论指导新的就业实践,把这些实践经验和理论成果转化为具体的就业育人工作制度固定下来,以理论创新推动制度创新,为制度体系的创新发展提供理论支持,发挥高校育人工作的理论产出作用。

4. 坚持就业育人工作为改革开放和社会主义现代化建设服务

改革开放开创了社会主义道路,沿着社会主义道路进行社会主义现代化建设,是我国宪法规定的国家根本任务。换言之,改革开放和社会主义现代化建设是相互依存、相互作用的,是我们在实现中华民族伟大复兴道路上必须长期坚持的。就业工作是检验高校人才培养的关键一环。高校是培养社会主义建设者和接班人的重要阵地,"大思政"的主要目的是为社会主义社会蓬勃发展和中华民族伟大复兴提供人才支撑。就业育人工作是在全面深化改革背景下筑牢民生之本的重要一招,应继续服务于改革开放和社会主义现代化建设。

高校就业育人工作是确保高校人才培养质量的重要一环,必须紧跟高等教育发展和改革的步伐,聚焦高校人才培养。高校就业工作应尽早着眼于学生的就业,实现思想政治教育与专业学习的融会贯通,力求在改革开放和社会主义现代化建设中,培养出一批具有较高思想水平、政治觉悟、道德品质和文化素养的人才,为全面建成社会主义现代化强国贡献力量。一方面,就业工作应该将重点放在大学生的改革创新精神培养上,引导大学生学习和践行改革开放伟大精神,增强大学生坚持改革开放的坚定性和自觉性,让大学生尽快适应社会经济发展,成为德才兼备的社会主义建设者。另一方面,要重视培养大学生为改革开放和社会主义现代化建设贡献力量的自觉性。"大思政"视域下的就业育人工作应站在实现中华民族伟大复兴的高度上,对接国家和社会的发展要求,帮助大学生走进社会发展的大熔炉,为新时代中国特色社会主义现代化国家建设提供技术支持和智力支撑。

三、坚持现实性原则

"大思政"视域下的就业育人工作,既要服务于国家社会的发展方略,也要从实际的就业环境和就业情况出发,充分考虑到大学生的普遍需求和个体差异,在把握普遍需求的同时,也要准确把握学生的思想禀赋,从而聚力于大学生就业供需平衡,增强高校就业育人的实效性和时效性。

(一)切准学生群体就业普遍需求

准备把握大学生群体就业的普遍需求,是坚持现实性原则的前提。这是依据人的需求理论提出的。美国心理学家默里·亨利把人的需求分为两个层次,第一需求是人的生理需求,第二需求是人的心理需求。人的心理需求最初源于生理需求,之后逐渐独立。[1]马斯洛的需求层次理论认为,需求可以划分成生理、安全、爱和归属感、尊重和自我实现五类。根据以上理论,个体的就业需求可以划分为生理需求、安全需求、社交需求、尊重需求和自我实现需求。

1. 大学生就业的生理需求

大学生就业的生理需求是指大学生在就业过程和就业结果中所表现出的维持自身生理平衡的需求,主要包括基础物质需求和自然选择需求。从根本上说,生理需求是驱动个体开展就业行为的初始动机和原生动力。只有在就业行为的生理需求得到一定程度的满足之后,人们才会在就业行为中追寻下一层次需求的满足。生理需求是其他需求的基础和根本。

大学生作为现实的人,其首要需求是穿衣吃饭的需求,即解决个人的温饱问题。随着中国经济社会的快速发展,薪酬待遇、工作环境以及工作时间成为

---

[1] 林崇德,杨治良,黄希庭.心理学大辞典[M].上海:上海教育出版社,2003:1405.

大学生就业的首要考虑因素。为了满足自身的基本生活需求,大学生不得不考虑高额的生活成本对自身就业的影响。

大学生就业是为获取报酬而进行的务工劳动,通过劳动获取报酬,满足个人的衣食住行等生理需求。就业是满足大学生生理需求的根本途径。就业育人工作通过帮助大学生掌握独立生活的能力和就业技巧,提升大学生的就业能力,满足大学生的就业需求。

2. 大学生就业的安全需求

心理学认为,个体都有渴望稳定和安全的心理需求。安全感会影响个体的身体健康和心理状态。安全感给人以有力感,从而引发个体的确定性和可控感;不安全感则会给人以无力感,引发个体的不确定性和失控感。大学生希望通过就业获得自信、安全和自由的感觉,从而充满对现在和未来的可控感,以此获得个体的安全感。

大学生就业的安全需求获得满足,会给予大学生一种稳定、安全的状态,建立起良好的内心秩序。当大学生的生理需求获得满足后,就会开始寻求下一层次需求的满足。安全需求是在生理需求获得满足后产生的,大学生不满足于个人的温饱,希望达到一种"一切尽在掌握中"的状态。这种状态会增强大学生的控制感和确定感,降低对周围环境的风险防范,进入一种稳定、安全的状态。

在求职过程得到指导和关怀的情况下,大学生会形成自己的就业观点和看法,产生就业过程中的心理预期,建立内心秩序。这将大大降低大学生在就业过程中的恐惧和焦虑,帮助大学生尽快适应就业环境,融入就业生活。同时,就业育人工作中的就业风险教学和安全环境构建,也对大学生就业安全感的建立发挥着重要作用。在大学生就业工作顺利开展的情况下,正规的就业单位会增强大学生的安全感,五险一金、职工体检等福利待遇更是安全感的加分项。掌握就业陷阱的识别技巧,具有就业维权能力,能够大大降低大学生的就业忧虑。

3. 大学生就业的社交需求

马克思指出:"人的本质不是单个人所固有的抽象物,在其现实性上,它是一切社会关系的总和。"[①]个体的生活就是由各种社会关系组成的,人们会在亲人、朋友、爱人、同学、同事等各种各样的社会关系中产生归属与情感需求。个体渴望与他人建立感情并收获关怀和认同,正如马斯洛所说,处于这一需求阶层的人,把友爱看得非常可贵,渴望得到一定社会与团体的认同、接受,并与同事建立良好和谐的人际关系。如果这一需求得不到满足,个体就会产生强烈的孤独感、异化感、疏离感,产生极其痛苦的体验。[②]

在就业过程中,大学生的社交需求十分紧迫。在大数据时代,更多大学生成为"手机人",线上交流多于线下交流,网友数量高于朋友数量。大学生的社交能力减弱,社交需求增强。在就业环境下,这种矛盾将会凸显和激化。毕业生即将融入社会,将会属于某一群体。能否处理好与同事、领导的关系,是用人单位考量大学生是否具有团队精神的标准。与团队的融洽程度,是大学生就业过程中幸福感和归属感的重要影响因素,直接关系到大学生社交需求的满足。

就业育人工作要突出对大学生的情感育人,让他们认识到自身有希望被集体认同和关注的需求,努力学习社交知识和人际沟通技巧,运用多种社交媒体建立和维护社会关系。在就业演练中,教师要帮助大学生克服社交恐惧和社交失败的负面情绪,引导他们不断完善自己,塑造和维持良好的社交形象,掌握就业过程中的社交主动权。

4. 大学生就业的尊重需求

马斯洛的需求层次理论认为,尊重的需求主要包括自尊和他尊两个部分。自尊即个体对自己的尊严和价值的肯定需求,是自己对自己的认同。他尊是指个体希望收获他人和社会的认同和肯定。大学生就业的尊重需求也表现为

---

① 中共中央马克思恩格斯列宁斯大林著作编译局.马克思恩格斯选集:第1卷[M].北京:人民出版社,2012:139.

② 马斯洛.马斯洛人本哲学[M].成明,编译.北京:九州出版社,2003:55.

自尊与他尊,即自我认可和他人认同。自我认可和他人认同会对大学生产生激励作用,让大学生充满求职自信和就业热情,激发出个体的职业精神。

大学生作为就业市场的主力军,拥有高学历和高技能,但面临着精神窘迫的困境。随着高新技术产业的飞速发展,中国经济发展进入新常态。社会竞争日益激烈,大学生也被卷入时代竞争的浪潮之中。在这种情况下,大学生面临空前的工作压力和生活压力,很难在压力之下找到自身的价值、获得他人的认同。这引发了大学生的群体焦虑,失败感和失落感剧增,就业意志消沉。越来越多的大学生在这种重压之下选择了"躺平"。

就业育人工作需要发挥思想政治教育的价值引领功能,关注大学生作为就业者的主体地位,肯定他们在就业过程中的尊严和价值,真诚地对待他们。同时,也要引导大学生学会尊重他人,培养大学生良好的道德品行,既接纳自己、认同自己,也懂得关注和欣赏他人。

5. 大学生就业的自我实现需求

自我实现需求是在生理、安全、社交和尊重的需求得到满足之后,发掘自身潜能、完成个人目标、逐渐实现个人成长,让自身日益趋向完美的需求。自我实现的人就是更真正地成了他自己,更完善地实现了他的潜能,更接近他的存在核心的人[①]。大学生就业的自我实现,是指大学生通过就业行为,激发就业潜能,激励自我成长,实现职业理想。在满足就业的自我实现需求时,大学生会感受到自我成长的成就与意义,激发成就动机,从而树立远大职业理想,日益完善自身。

就业的自我实现需求作为就业需求的最高层次,不是每个人都能实现和完成的。就业育人的任务就在于引导更多的学生达到这一层次,帮助大学生结合自身情况,树立职业目标和职业理想,做好职业生涯规划,力争在自己的职业道路上找到能发挥自己优势的平台,实现自身的价值与意义。大学生要将个人理想与国家命运紧密结合在一起,把自我价值和社会价值相结合,不懈

---

① A.H.马斯洛.存在心理学探索[M].李文湉,译;林方,校.昆明:云南人民出版社,1987:88.

奋斗,发挥潜能,将小我融入大我,增强民族凝聚力和自豪感,为实现中华民族伟大复兴贡献自己的力量。

(二)把握学生个体就业禀赋差异

禀赋是指个体所具有的智力、体魄等素质和天赋。个体就业禀赋是大学生在就业过程中表现出来的特质和素质,是个体与他人相区别的鲜明特征。个体就业禀赋主要体现在大学生的职业价值观、职业兴趣、职业性格和职业核心能力等方面。这四个方面将决定大学生的职业选择、职业决策、职业行为和求职结果。

1. 把握职业价值观对大学生就业的影响

职业价值观是大学生人生观、价值观的重要体现,是大学生的价值观在职业态度、职业取向、职业决策、职业行为和职业结果以及职业评价中的重要体现。职业价值观不仅会影响大学生的就业行为,也会对大学生的工作态度和工作热情产生重要影响。20世纪80年代初,美国行为学家舒伯最早对职业价值观进行了界定。他认为职业价值观就是工作目标的外在表达,是个人在工作中的内在需求以及从事活动时所追求的工作特点的集中展示。我国学者张继延认为,职业价值观是社会公众特别是青年学生群体在学习和社会实践过程中形成的对于职业评价、职业选择、职业价值取向的总体看法,反映了其对职业的信念和态度,对大学生未来职业生活有重要的指导作用[①]。

随着教育体制和就业模式的变化,加上疫情的冲击,大学生的就业问题日益突出,职业价值观也随之发生了变化。"大思政"对于职业价值观的教育,在于引导大学生适应时代发展的需要,准确把握社会变化趋势,树立合理的职业价值观,做出正确的就业决策。同时,职业价值观也要凸显大学生的个体差异,不同的职业价值观反映出大学生的思想性格、职业想法和职业规划的差异。这种差异会决定大学生的职业认知能力和判断能力。

"大思政"视域下的就业育人工作,对于引导、帮助和激发大学生树立正确

---

① 张继延.大学生职业价值观教育路径[J].思想教育研究,2010(9):47.

的职业价值观具有重要作用。就业育人工作既是时代发展对青年成长成才的要求,也是高校立德树人职责的体现。就业育人工作不仅仅是一句口号或理论指导,更应该对学生的就业有明显推动作用。就业育人工作通过对大学生职业价值观的培育,引导大学生树立辛勤劳动、诚实劳动、创造性劳动的理念,在实践中培养大学生的劳模精神、工匠精神、创新精神,使他们成为有理想、有本领、有担当的时代新人,提升职业教育的效果,落实立德树人根本任务。

2. 把握职业兴趣对大学生就业的影响

自1908年帕森斯提出职业指导的概念以来,职业生涯理论的发展日渐成熟,流派众多。职业生涯理论在关注个体发展的同时,也十分强调个体差异。这种差异主要用来描述人们如何在职业结构中找到自己的位置。例如,霍兰德的职业兴趣理论将人的职业兴趣分为六类:事务型、实用型、社会型、企业型、研究型和艺术型,可以通过重合度、一致性、区分度和认可度来进行测量。职业兴趣的测量对于大学生职业生涯规划和就业具有指导作用,明确了个人职业兴趣,更容易做出职业选择和调整,也更容易获得职业选择上的满足感和成就感。

职业兴趣是大学生在职业生涯规划和就业中表现出来的特殊个体取向。明确职业兴趣,可以增强个体兴趣与职业环境的适配度,帮助大学生找到适合自己的职业。现阶段,大学生对于职业兴趣的意识不明确,很少主动去探寻自身的职业兴趣,仅仅停留在学习的层面,不了解职业兴趣在未来职业生涯中的重要作用。准确把握职业兴趣,可以增加大学生的工作满意度、职业稳定性和职业成就感,从而让大学生在职场生活中具有高度的自觉性和积极性。

就业育人工作应充分考虑到职业兴趣对于大学生就业的重要作用,通过"大思政"中的多种渠道和教学手段,帮助大学生在进行职业规划前充分了解职业的种类,提高职业选择的精准度和细致度,提升学生的择业动机。同时,就业育人要激发大学生通过兴趣测试与社会实践,深入探索自身的职业兴趣,自觉地重视职业生涯规划。大学生应增强专业知识和通用知识的学习,提升多学科交叉学习和研究的能力,力争成为复合型人才,找到职业兴趣的契合点,提高就业的灵活性和可塑性,以便未来就业时做到"人岗相适、人事相宜"。

3.把握职业性格对大学生就业的影响

性格是在遗传与环境的交互作用下,个人对现实社会的态度以及与之相适应的习惯化的行为方式,是相对稳定的最具核心意义的心理特征,对个人的其他个性心理特征起支配作用,受人的世界观、价值观、人生观的影响,具有一定可塑性[①]。职业性格理论是建立在性格理论的基础之上的,以实现职场性格与职场环境相匹配为目的,对就业行为具有较强的指导性。大学生选择与职业性格相匹配的职业,逐渐形成自己的职业发展目标,有利于养成积极主动、敢于担当、开拓创新的职业品质。

职业性格理论广泛应用于大学生职业生涯规划和就业指导领域,能够帮助大学生提升职业选择能力、职业适应能力、自我开发能力,养成良好的职业心理素质和积极的就业心态。职业性格理论基于学生的个体特征,关注每一个学生的发展,彰显学生的主体性,对于指导学生就业和塑造学生品质具有很强的操作性。职业性格理论融入高校"大思政",是解决大学生就业问题的要求,能够满足大学生职业生涯规划的需要,也可以极大地增强高校就业育人工作的针对性和实效性。这一举措也是实现"因事而化、因时而进、因势而新"这一时代新要求的合理选择。

就业育人工作需要发挥职业性格理论的思想政治教育功能,培养大学生接受自己、主动求知和包容合作的精神,引导大学生将个人成长和时代要求相结合,做一名新时代的"追梦人"。就业育人工作要将思想政治教育作为一条隐形的主线,发挥职业性格理论的激励作用,引导大学生全面、深刻地认识自己,尤其要准确地了解自身的性格类型,让学生在自我教育、自我管理和自我服务中激发自我效能,提升分析能力、学习能力和处世能力。大学生要顺应时代发展的大势,将个人的性格特点与社会的需要有机结合,根据职业要求不断

---

① 邹宏明.性格心理学[M].厦门:鹭江出版社,2015:147.

提升和完善自我,规范自身行为,形成健康的生活习惯,塑造良好的性格,明确自身的职业奋斗目标,真正成长为社会主义合格建设者和可靠接班人。

4. 把握职业核心能力对大学生就业的影响

职业核心能力,也称为关键能力,最早由德国学者 D.Mertens 于1972年提出。职业核心能力是可迁移的、促进性的、通用性的技能[①],是人们职业生涯中除岗位专业能力之外的基本能力。它适用于各种职业,是伴随终身的可持续发展的能力[②]。我国学界所说的职业核心能力,通常包含自我学习、数字应用、信息处理、与人交流、与人合作、解决问题、创新革新、外语应用等八项能力。

大学生的职业能力培养,事关大学生的就业竞争力、从业能力、岗位适应能力和发展创新能力。随着我国全面深化改革的不断深入,大学生的就业压力逐渐增大,在就业方面的问题日益凸显,就业形势更加严峻,用人单位越来越看重大学生的职业软实力。大学生成长为技术创新型人才和复合型人才,能增强大学生的就业竞争力。换言之,提升大学生的职业能力是缓解大学生就业问题的根本手段。

"大思政"视域下的就业育人工作着重于职业能力的培养,这是大学生个人成长的需要。职业技能培养是提升大学生职业技能的重要方式,也是提高大学生职业竞争力的关键一环。"大思政"对于大学生的成长成才具有激励作用,能够增强自信心,激发潜能,帮助大学生更好地实现自我价值和社会价值。关注大学生职业能力的培养,符合人的全面发展的需求,既尊重大学生的成长规律,又紧贴时代发展的需求。就业育人工作要积极引导大学生提升自身能力,发挥主观能动性,促进每个人全面发展的同时推进社会的不断进步。

(三)聚力大学生就业供需平衡

詹姆斯·斯图亚特在《政治经济学原理研究》中提出了供给与需求理论,以此描绘消费者与市场的供给、需求问题。从就业层面来看,供需平衡也是大学

---

① 石伟平.比较职业技术教育[M].上海:华东师范大学出版社,2001:296.
② 童山东.职业核心能力培养探索[J].深圳信息职业技术学院学报,2006(3):60-68.

生就业中应该充分考虑的。大学生就业供需匹配,是从市场需求和大学生人力供给两个方面出发,实现大学生就业供需适配,使大学生的培养模式与社会发展的需求相对接,彰显人才培养的有效性和时效性。从大学生供给视角来看,就业供需适配是指大学生提升就业能力,实现与工作岗位相匹配,达到人才培养的良好模式。从社会需求层面来看,在新时代的经济社会发展中,人才需求结构发生了变化,趋于多元化。高校就业工作应根据需要,及时调整教学方向,培养有助于社会发展的人才。

1. 破解高校人才培养与市场需求脱节的难题

近年来,我国已经进入高等教育大众化阶段。大学生培养相对过剩,就业市场从卖方市场转换为买方市场,劳动力市场的需求成为大学生培养的指南。目前,高校对高等教育大众化阶段的劳动力市场适应性欠佳,教育资源严重短缺导致的人才培养问题逐渐暴露出来。尤其是在大学生就业逐渐市场化的情况下,高校的专业和课程设置与我国产业结构调整、社会人才需求严重不匹配。许多专业的学科设置缺乏专业性,导致大学生的专业学习和市场需求错位,毕业时就会出现"就业难"现象。

就业问题归根到底是高校人才培养的问题,因此"大思政"也应该在人才培养上下功夫。就业育人工作应该以社会需求和市场为导向,推动教学改革。就业育人工作应依托教育综合改革,以市场需求为导向,服务于地区经济与社会发展,克服专业设置和课程结构的"滞后性",提高高校专业设置和课程规划的科学性,增强高等教育对社会需要的适应性,促进人才培养更好地适应市场经济发展和社会和谐进步。就业育人工作要关注就业的有效反馈,经常到用人单位、人才市场调研,了解市场对人才培养和学生能力等方面的要求,瞄准市场培养人才,整合就业育人资源,降低人才供给和市场需求的结构性矛盾,大大提高大学生的就业率。就业育人工作要根据用人单位和市场的需求不断调整、改进工作模式,科学设置市场所需的专业,实现人才培养实时化、个性化和特色化,增强大学生的就业创业能力,形成高等教育和社会经济发展的良性循环。

2. 化解人才培养与社会需求的错位

近年来,随着我国经济结构的调整与疫情对经济发展的冲击,人才市场供需不平衡的情况进一步凸显。部分大学生出现"一职难求"的情况,同时,人才市场上又有很多岗位"一人难求"。"就业难"与"用工难"并存的现象,其本质在于大学生能力、素质和个性化技能都有所欠缺,而用人单位的需求日益细化,导致人才供给与市场需求不匹配。在高等教育大众化的时代,"大思政"应该摆脱原有的教育套路,教学内容应向社会需要的方向转变。现阶段,高等教育偏重知识传授和理论研究,轻视实际运用能力的培养与锻炼。这就导致大学生存在知识面较窄、能力不足的问题。

高校要转变教育理念和人才培养观念,提高人才培养质量。大学生极易受到外界环境的影响,形成功利化心态。高校要让大学生重视和培养创新能力,坚守初心。就业育人工作应摆脱"唯分数论"的桎梏,关注大学生的综合素质培养,增强大学生的实际生活能力、问题分析能力和解决问题能力,使大学生扎实掌握专业能力,提升运用能力;要重视大学生的社会实践,让大学生尽早进入就业市场,创造与用人单位接触的机会,做好就业准备工作;广泛开展社会实践和校园职业适应活动,培养大学生的职业适应能力和社会责任感。学校的人才培养只有与市场合拍,才能最大程度地用好人才。

3. 消除学校要求与社会人才标准的差异

市场对人才的需求,本质上是对人才的实践能力和专业技能的需求。在校期间的良好学习环境,为大学生掌握专业知识提供了有利条件。但是,检验大学生的学习能力和实践能力,不能仅凭在校期间的成绩,更重要的是看大学生是否具备服务社会的综合素质,能否将自己所学的知识转化为生存发展的能力。一直以来,我国以分数来评价大学的教育成果,分数评价成为人才评价的主流。大学生在校期间只注重取得毕业证,学好书本上的知识,忽略了其他素质的培养和锻炼。到就业时,大学生才发现众多企业将较强的语言沟通能力、应变能力,高度的责任感和良好的团队精神等作为衡量人才的标准。这与在校期间"分数至上"的评价标准十分不同,综合素质成为大学生在就业过程中和职场中的最大障碍。为此,大学生需要尽快从"学生"转换为"社会人",重视自身动手能力、学习能力和团队合作能力等综合素质的培养,消除与社会人才标准的差异。

就业育人工作应加强职业生涯规划和就业指导,将大学生和企业之间的供需诉求有效联系起来。就业育人工作可以实现学校和社会的结合,在指导大学生进行职业生涯规划的过程中,帮助他们做出清晰的职业定位与规划,为未来的职业人生勾画出蓝图,以便在就业时更容易与企业达成共识。

就业育人工作除了在毕业时为学生提供各种就业信息外,还应该自入学起就对学生进行职业规划和就业指导,帮助大学生完成自我认知,了解自己熟悉和擅长的领域,了解社会对人才的需要,树立职业发展目标,尽早找到奋斗的目标和前进方向。"大思政"引导大学生积极参与实践活动,增强社会责任感,掌握求职技巧,增强就业能力,树立正确的就业观,增强适应社会需要的能力。就业育人工作还要注重观念引导,提升就业服务和育人质量,帮助大学生毕业后成功走向市场。

4. 破除就业期望与社会需求的反差

目前,各种就业平台不断更新,就业手段日益翻新,大大小小的招聘会持续不断,但是不少毕业生依然为就业问题烦恼,感觉找到工作不难,找到一份心仪的工作却很难。这种现象表明,并不是就业岗位少,而是符合大学生预期和希望的工作岗位太少了。这实质上就是毕业生的就业期望和社会需求之间存在较大的差距。大多数人认为,大学生应该找一份收入较高、工作体面、社会地位高的工作。在这种观念和社会舆论的影响下,大学生对职业的期望越来越高,希望就业后过上安稳闲适的生活,得到更多的发展机会,快速实现自己的职业理想。正是受这些心理的影响,大学生在就业过程中的要求越来越高,对用人单位挑挑拣拣,不及时调整自己的心理预期,错失众多的就业岗位,造成"求职难"和"招聘难"并存的窘境。

"大思政"视域下的就业育人工作要帮助大学生转变就业观念,注重就业能力的提升,让大学生认识到找工作不难,难在找到自己理想的工作。树立正确的就业观念是大学生顺利就业的第一步。面对困难的就业形势,大学生要调整好自己的心态,不要被就业形势吓得畏首畏尾,也不要急于求成。要学会调整自己的心态,正确认识就业环境,克服思想压力和负面情绪,在了解就业市场大环境的基础上,准确客观地做出自我评价,找准职业定位。

"大思政"视域下的就业育人工作也要注重对大学生就业能力的培养,不断增强大学生实现职业目标所需的岗位能力。大学生要使自我成长、社会和谐发展、职业前途光明三者同频共振,找到适合自己的工作,实现自己的职业理想。大学生应该在社会和职场的大课堂中逐渐积累经验,提升自我价值,为以后实现职业理想奠定基础。同时,大学生也应该将个人理想和国家需要相结合,到祖国需要的地方去干一番事业,实现自身的人生价值和职业理想。

5. 解决职业生涯准备对社会发展需求的滞后

很多大学生在就业过程中并不了解自己的职业方向,盲目地投简历,造成草率就业的局面。多数学生在人才交流会上只是"重在参与",没有目标,没有准备,希望凭运气成功就业。多数大学生在进入大学的时候,职业目标模糊,没有职业生涯的概念,对自己的优势和劣势也不清楚,不知道自己适合什么职业,到毕业的时候只能仓促就业。近年来,很多大学生为了增强职场竞争力,盲目加入"考证"大军,让自己的能力和职业目标进一步脱节,导致在应聘中遭遇困境。这在一定程度上制约了就业的成功率。

"大思政"视域下的就业育人要帮助大学生理性看待就业形势,营造良好的就业氛围。近年来,就业困难逐渐加大,"史上最难就业季"等相关报道充斥着媒体,这让大学生对于就业"望而却步",纷纷"退避三舍"。就业育人工作要重视对大学生进行心理辅导,让大学生意识到求职过程中必然存在职场竞争与社会压力,遭遇困难、挫折和障碍也是正常情况。

就业难将会随着经济发展演变为一种持续性问题。面对这种情况,高校要营造良好的舆论氛围,让大学生理性认识和正确对待就业的实际情况。媒体要减少关于就业的负面报道,正确回应社会关切的就业问题,从提升就业育人质量、树立正确的职业价值观、强化职业指导和弘扬职业精神等积极的方向营造就业氛围。

第四章

"大思政"视域下高校就业育人的内容建构

"大思政"视域下高校就业育人的内容建构,关乎"以何育人"这一前提性和基础性问题。在当前就业压力逐年增大的背景下,加强"大思政"与就业育人之间的贯通,有利于引导高校毕业生树立正确的就业观和职业价值观,为他们成功择业、充分就业营造良好的舆论环境,实现和维护广大人民群众的根本利益,促进社会稳定发展。在把握就业育人的内容维度时,要充分考虑"大思政"的特性和高校就业育人的关注重点,探寻"大思政"与就业育人内容构建的互通性,全方位挖掘"大思政"中蕴涵的思想政治教育元素,并融入高校就业育人内容体系之中。因此,在厘清"大思政"与高校就业育人二者的耦合性和互通性的基础上,结合就业育人的过程规律,本书从就业观念引航、职业理想塑造、奋斗精神培育、家国情怀构筑四个方面展开对就业育人的内容建构的探析。

一、就业观念引航

就业观念是人们对就业的观点、态度和看法的总和,是个人的人生观、价值观在就业问题上的反映,指导着个人的职业选择和职业方向。因此,良好的就业观念对于个人积极就业、顺利就业影响重大。高校就业育人整体内容构建应以就业观念引航为出发点,引导学生树立多元的就业观,养成理性的择业观,塑造正确的职业价值观。

(一)树立多元的就业观

高校对大学生进行多元就业观的教育,有利于解决大学生就业困难的问题,纠正学生在就业问题上的单一化思维,有效指导高校学生规避就业风险。[1]要充分运用"大思政"的大场域优势,致力挖掘就业育人资源,积极树立多元的就业观,选择多样化的职业路径、灵活的就业方式以及兴趣型发展道路。

---

[1] 柳清秀,杨静.多元就业观是高校指导学生规避就业风险的必然选择[J].黑龙江高教研究,2007(4):87-89.

1. 职业选择更加多样

职业选择是人生的关键性问题。可以说,一个人的职业选择在一定程度上决定了其未来的生活方式及人生价值的实现。马克思在《青年人选择职业时的考虑》一文中阐述了选择一个好的职业至关重要。评判一个职业好坏的标准是:这个职业是否能让人类更加幸福,是否使自己更有自尊。因此,高校在就业育人过程中,要引导大学生将个体和社会相结合,深刻把握社会现实和社会需求,做出理性的职业选择。

我国2022届高校毕业生规模首次突破1000万人。面对竞争如此激烈的就业市场环境,高校应当进一步结合当代大学生的发展特点,引导其多元化地进行职业选择,从而助力毕业生"好就业,就好业"。

一是引导青年大学生积极响应国家政策号召,到基层去、到祖国需要的地方去。目前,针对高校毕业生的就业大类选择多种多样,如报考公务员、普通选调、定向选调、"三支一扶"、西部计划等。这些岗位都是锻炼青年大学生能力和本领的大舞台,只有踏实肯干,才能养成勇于探索的勇气、乐观积极的态度,创造朝气蓬勃的人生。

二是引导青年大学生把握时代需求。随着社会经济的发展,许多新兴行业和产业开始涌现,如大数据、物联网、人工智能、5G、科学研究和技术服务业、小微企业、电商行业等。多样化的职业供给,给高校毕业生提供了多样化的职业选择。高校就业指导与育人工作应当让大学生充分认识到就业的严峻形势,并不断将多元的职业观教育融入高校教育管理体系中,引导高校大学生树立良好的就业观念和积极主动的就业心态,在进行职业生涯规划和求职的过程中,对职业的意向选择更加多样化。

2. 就业方式更加灵活

当前,随着社会经济的快速发展和生活水平的日益提高,人们的需求逐渐从满足基本物质生活的需要上升为对美好生活的需要,就业导向也从过去的"满足温饱型"和"追求稳定型"转向"精神享受型"和"自我实现型",由此引发了高校毕业生在就业方式上的突出转变。

高校在构建就业育人内容的过程中,应充分融入对社会环境的把握、对就业形势的探析以及对职业方向的分析,全方位挖掘"大思政"中蕴涵的思政教育元素。

一是引导高校大学生放下"铁饭碗""一次就业定终生"等陈旧观念。面对当前经济下行的压力和疫情所带来的影响,越来越多的高校毕业生选择考取有行政编制或事业编制的工作,形成了"人才供给"与"岗位需求"之间的巨大鸿沟,导致高校大学生出现"就业难""就业慢"等突出问题。面对日益凸显的就业问题,高校应充分联动政府、社会、企业,通过政策引导、加强校企联结、访企拓岗等方式,共同引导高校毕业生通过多种方式实现就业。

二是引导高校大学生积极主动应聘,客观认识和看待多种就业方式。录用、聘用、定向、自主创业、升学、境外就业(出国)等都是当今社会常见的就业方式。在日常工作中,高校要重视就业方式的普及,引导学生根据自身发展特点,合理选择就业道路。

三是引导高校大学生充分发挥自身优势和特长,树立灵活就业观念。社会的多元发展为青年大学生提供了多样化的职业选择,自由撰稿人、模特、博主等都是顺应时代发展的"年轻职业",具有自主性和自由性等特点。高校应引导大学生正确认识职业的多样性,在自身有兴趣和有特长的基础上,放飞自己的人生梦想。

3. 发展道路更趋兴趣化

引导大学生的职业发展道路更趋兴趣化,是从"现实的人"的角度出发,遵从人的主体性,旨在实现劳动幸福和人的全面自由发展,让工作和就业不再成为禁锢个体天性的"枷锁",从而让大学生在工作过程中充分实现体、智、情的施展,满足生存性需要和发展性需要。

具体而言,兴趣是人们力求认识某种事物和从事某项活动的意识倾向。职业兴趣是个人做出就业选择时的重要考虑因素和关键衡量指标。对于个人未来的发展道路而言,遵循兴趣在一定程度上对未来职业生涯发展的深度和广度有积极影响。因此,基于兴趣进行的职业规划和就业选择有利于实现人岗匹配,更能推动高质量就业。

以往,"80后""90后"大学生基于社会环境影响和对现实因素的考虑,在就业择业的过程中,大多以薪资待遇和行业发展为主要标准,热衷于稳定的工作。随着时代的发展和就业观念的更新,"00后"大学生的就业观念则更为新潮和多元,不再执着于对"稳定饭碗"的追求,而是更加注重对兴趣爱好的追求和自我价值的实现。

马斯洛需求层次理论认为,人的需求是从较低层次需求向较高层次需求递进的。只有在低层次需求得到满足后,个体才会逐步转向对较高层次需求的追求。当前,社会物质财富积累的增加,使大多数人都能满足低层次需求。高校在进行就业指导时,对大学生未来人生道路的引导,应进一步加强就业兴趣导向。一是引导大学生发展以专业背景为基础的职业兴趣。对大学专业的选择,从本质上来讲也是大学生基于学习基础、学习能力和学习兴趣等要素,对个体未来想要从事的职业进行的一次前置选择,是个体通过高等教育,发展差异化思维和技能的重要方式。因此,在引导大学生养成多元就业观的过程中,高校要重视专业教育对大学生未来就业选择的重要影响,引导学生充分运用专业学习培养自身的专业技能和综合素质,充分发扬刻苦钻研、勇于创新的良好品质,以专业兴趣为导向,形成自身的核心竞争力。二是引导大学生发展以个人爱好为基础的职业兴趣。除了专业兴趣之外,个人爱好及特长也可以成为未来择业时的重要因素。

以个人兴趣为导向,有利于个人能力的提升。兴趣是最好的老师,是大学生愿意付出努力的最大动因。从个体能力维度来看,每个人都有自己的能力和特长。只有在能够发挥自身能力、发展个人兴趣的基础上,个体才能在工作岗位上发挥最大的作用。同时,以个人兴趣为导向,也有利于促进社会的发展。社会是由人组成的。个人选择感兴趣的职业,在工作岗位上充分发挥自身价值,在兴趣导向下充分发挥创造力,既减轻了社会负担,又能够促进新产业、新行业以及新专业的产生。对个体兴趣的尊重,体现了社会对人的关怀,符合"以人民为中心"的发展理念。因此,高校应引导大学生大胆拥抱新业态,准确、客观地分析自己的特长和兴趣,做好个人职业规划。

(二)培育理性的择业观

择业观是大学生就业观念的重要组成部分。选择职业是每一位大学生毕业时必须经历的过程,养成理性的择业观,关乎职业生涯意识唤醒、个人成长成才历程,也关乎社会发展。因此,如何帮助大学生在择业时做出理性的选择,是高校在"大思政"格局下构建就业育人内容时应该重视的问题。高校应从基于实际精准定位、结合需求把准方向、主动出击实现发展三个方面,引导大学生养成理性的择业观,合理追求职业目标,形成清晰的职业认知。

1. 基于实际精准定位

基于实际精准定位是理性求职的前提。择业从来都不是个体单向选择的过程,而是一个受国内外经济社会发展和就业政策等多种因素影响的过程。现实的求职过程中,高校毕业生由于社会经验不足,面对纷繁复杂的职业环境以及多样的职业类型,往往会陷入认识不清、难以抉择的困境。因此,能否正确认识现实并基于现实找到适配的工作,在很大程度上决定了个体未来的职业道路是否顺畅。也就是说,在职业选择过程中,要充分考虑社会环境、自身能力、专业水平等,才能在职业生涯中更好地发挥自身价值,促进社会发展。通过对专业发展实际、个人技能实际和个人素质实际的把握,高校学子可以形成趋于理性的职业观。

一是基于社会环境实际。近年来,随着高等教育的发展,我国大学生的规模逐年攀升。2022年,我国高校应届毕业生规模首次突破1000万人,总量和增量均为近年新高。随着人数的增多,就业也成高校大学生步入社会前所面临的首要难题。除此之外,国内经济下行的压力、中美贸易摩擦以及疫情所带来的影响,使得高校毕业生就业问题愈发严峻。高校在就业工作中,应将对就业环境的把握和分析作为就业观教育的首要任务,引导大学生基于社会背景和现实环境,降低不合理的期待,理性选择职业。

二是基于专业特性实际。专业知识是大学生就业的竞争基础。在求职择业过程中,大学生应充分考虑专业的实际特点,选择能够发挥专业优势、适配专业特性的岗位,最大程度地展示自身专业素养和核心竞争力。

三是基于个人技能实际。个人技能是个体运用已有的知识经验,通过练习而形成的一定的动作方式或智力活动方式。专业知识决定一个人能否做这份工作,而个人技能则决定一个人能不能把这份工作做好。因此,在就业育人工作体系中,高校要引导大学生加强技能的练习。大学生可以通过可衡量的业绩、他人的认可、技能词汇表、技能问卷测试或技能分类卡等方式,科学探索个人技能,并将对个人技能的考量充分融入择业的参考标准中。

四是基于个人素质实际。综合素质包括一个人的知识水平、道德品质等多方面的素养。在知识经济时代,社会对人们的综合素质的要求较高。个体综合素质的高低,关系着能否长久从事某种职业,是一个人的职业道路能够长远发展的核心因素。大学生在求职过程中,要结合自身综合素质的实际,不好高骛远,也不妄自菲薄,选择适合自己的岗位。

2. 结合需求把准方向

就业是民生之本。个体的发展与成才、生活方式的选择乃至对社会贡献的大小,在一定程度上都取决于所从事的职业。因此,大学生在择业的过程中,不仅要有对现实情况的清晰认知,还要结合实际需求把握就业方向。只有因势而谋、应势而动、顺势而为,才能做到在择业过程中胸怀大局、把握大势,找准选择工作的切入点和着力点。

一是结合社会发展需求。社会存在决定社会意识。社会需求是客观存在的,是不以人的意识为转移的。大学生在择业时,必须以社会需求为客观前提。当前,高校对大学生进行就业指导时,要引导其正确认识就业供需关系、市场经济的发展现状与趋势、国家就业政策等,使大学生对社会需求形成更加清晰全面的认识,到社会需要的岗位上扎实工作。例如,2022年政府工作报告中就多次提到要大力发展制造业,重视高新科研产业以及绿色低碳产业、小微企业等。西部发展、城乡统筹、乡村振兴、基层教育等行业也亟须高校大学生加入。

二是结合专业发展需求。专业的未来发展趋势、用人需求也是大学生求职时需要考虑的重要因素,特别是特设专业和重点专业,要以专业发展导向为就业指向,将专业需求与自身的就业选择相结合。

三是结合个人发展需求。高校大学生在选择职业时,要充分考虑个人未来发展的前景和道路,不能只顾眼前利益,急功近利,而忽视了自身长远的发展。高校应该充分引导大学生根据自身素质和发展需要,综合考虑职业潜能和个人前途,选定职业目标。

3. 主动出击实现发展

强调积极主动、严肃认真的职业态度,是马克思主义择业观的重要组成部分。对于就业这一人生重要环节,大学生更应该秉持朝气蓬勃的生机与活力,以积极主动的态度面对择业,实现自我发展。

主动性是个体按照自己设置的目标行动而不依赖外力推动的行为品质。首先,积极主动的心态有利于在择业过程中保持稳定的情绪和状态,勇于克服求职过程中的困难;其次,积极主动的心态有利于增强人的成就动机,更好地发挥个人潜能;[①]最后,积极主动的心态有利于帮助个体适时抓住机会,主动出击。在就业育人工作过程中,高校应引导大学生在社会的发展中抓住机会,不必拘泥于对体制内"铁饭碗"的需求,改变"一次就业定终生"的思想。当前,人才流动已经是普遍现象,择业空间逐步增大。就业已经成为一个动态发展、螺旋上升的过程,因此,要树立因时而进的择业观,在社会流动中求生存,主动寻发展。

(三)形塑正确的职业价值观

2016年12月,习近平总书记在全国高校思想政治工作会议上强调:"要坚持把立德树人作为中心环节,把思想政治工作贯穿教育教学全过程,实现全程育人、全方位育人。"[②]就业作为人才培养中的重要一环,是高校大学生从学校过渡到社会中的最后一公里,因此,秉持什么样的职业价值观至关重要。习近平总书记指出,"青年的价值取向决定了未来整个社会的价值取向"[③]。价

---

① 黄蓉生.大学生职业发展与就业指导[M].北京:人民出版社,2015:40.
② 习近平.习近平谈治国理政:第2卷[M].北京:外文出版社,2017:376.
③ 习近平.习近平谈治国理政:第1卷[M].2版.北京:外文出版社,2018:172.

值观是指个人对周围客观事物及其对自己行为结果的意义、效果与重要性的总看法。①大学生正值价值观形成的关键期,也是迈向社会的关键期。职业价值观作为价值观的重要组成部分,是指人生价值观在职业问题上的反映,是人们对社会职业的需求所表现出来的评价②,关系着个体职业发展的未来走向及社会发展的和谐稳定。因此,做好高校大学生职业价值观的引导工作意义重大。

1. 正确处理个人发展和国家需要的关系

正确处理个人发展和国家需要的关系,是当代青年学子在树立正确的职业价值观时需要遵循的原则。马克思指出:"在选择职业时,我们应该遵循的主要指针是人类的幸福和我们自身的完美。不应认为,这两种利益会彼此敌对,互相冲突。"③此论述鲜明地阐释了大学生选择职业时,应当既符合自身兴趣和爱好,又要致力于人类的伟大事业。习近平总书记也指出:"当代中国青年是与新时代同向同行、共同前进的一代,生逢盛世,肩负重任。"④然而在现实择业过程中,大学生普遍表现出追求实利、过于关注自身发展、注重物质利益等明显趋势。因此,高校应加强大学生世界观、人生观教育,帮助他们树立正确的职业价值观,合理调整就业期望,克服好高骛远的心理,正确处理个人发展和国家需要的关系,在实现中国梦的历史进程中放飞青春梦想。

一是引导高校大学生在确立职业规划时,要以国家需要为目标导向。大学生的职业规划对于认识自我、了解社会以及实现人生价值都有重要的意义。个体的发展离不开社会的支持,个人的职业理想要紧密结合国家需要。因此,高校要引导大学生根据国家利益和国家需要规划自己的职业生涯,在各行各业展现责任担当。

---

① 刘海滨.大学生创业价值观转变的影响因素研究[J].思想政治教育研究,2019,35(1):154-160.
② 黄蓉生.大学生职业发展与就业指导[M].北京:人民出版社,2015:22.
③ 中共中央马克思恩格斯列宁斯大林著作编译局.马克思恩格斯全集:第1卷[M].北京:人民出版社,1995:459.
④ 习近平.论党的青年工作[M].北京:中央文献出版社,2022:236.

二是引导大学生以中华民族伟大复兴为核心价值取向，确立职业规划。价值取向决定了行为选择。高校要引导大学生在选择职业的过程中，把社会需求和人民利益作为出发点，将自身所学所长与社会发展紧密结合，投入中国特色社会主义伟大事业中。当个人利益与集体利益发生冲突时，自觉服从集体利益。

2. 正确处理志存高远和脚踏实地的关系

志存高远是指在择业过程中，个体对未来职业生涯和事业发展存有远大理想和抱负。脚踏实地则是指个体在工作过程中踏实认真，实事求是而不浮夸。志存高远和脚踏实地相辅相成，缺一不可。在职业生涯中，志存高远可以为脚踏实地指明方向、提供道路，而脚踏实地则是志存高远的基础和必要条件。正确处理好志存高远和脚踏实地的关系，有利于大学生在职业发展过程中实现理想和现实的统一，既不好高骛远也不妄自菲薄，脚踏实地地到达职业理想彼岸。

一是要让青年学子充分认识到职业目标的引领作用。职业目标是个人在选定的职业领域内，未来所要达到的具体目标，包括短期目标、中期目标和长期目标三个层次。树立职业目标有利于个体有意识地规划职业生涯，从而整合自身和外界资源，不断朝着既定职业目标努力奋斗，引领职业路径向前发展。

二是要让青年学子充分认识到勤奋肯干的积淀作用。不论是学习还是工作，都要面向实际、深入实践；都要严谨务实，一分耕耘一分收获。对于个人的职业发展而言，其过程也不是一蹴而就的，而是有一个不断积累、螺旋上升的过程。青年学子要脚踏实地地投入工作岗位，沉心静气做好本职工作，在勤奋肯干中积淀力量；要肩负历史使命，坚定前进信心，立大志、明大德、成大才、担大任，实现人生不断进阶。

三是要让青年学子充分认识到遵守就业诚信的重要作用。在就业教育过程中，高校要鲜明地指出哪些行为应该反对，哪些行为应该禁止，引导大学生树立诚信就业观,保证就业推荐材料的可信度,如实反映大学生在校期间思想、学习、生活、实践等各方面的表现,尤其是要教育大学生合理调整就业期望值,不随意签约,更不随意违约,养成良好职业道德,恪守职业诚信。

二、职业理想塑造

职业理想是个体对未来职业的向往,是人们对美好生活的追求在职业层面的体现。塑造职业理想对于个体择业具有决定性作用。一般而言,有什么样的职业理想,就会有什么样的职业选择和职业实践。职业理想教育和塑造在帮助大学生树立积极正确的人生观、价值观和就业观,科学设计职业生涯发展规划,实现自我价值与社会价值的统一等方面作用重大。[①]当前,中国正处于矛盾凸显期和社会转型期,由此出现了一些不良的社会风气。功利化的职业理想也在高校逐渐蔓延,使大学生陷入职业追求的误区。大学期间是职业生涯准备的关键阶段,是大学生职业理想的形成时期。因此,高校在育人过程中不仅要注重思想道德品质的涵养,也必须进行有效的职业理想教育,将职业理想教育充分融入就业育人工作体系中,引导大学生坚定职业信仰、养成职业道德、巩固职业意志。

(一)将职业理想与自我认知相结合

马克思在《青年在选择职业时的考虑》一文中谈道:"如果我们生活的条件容许我们选择任何一种职业,那么我们就可以选择一种使我们最有尊严的职业;选择一种建立在我们深信其正确的思想上的职业;选择一种能给我们提供广阔场所来为人类进行活动、接近共同目标(对于这个目标来说,一切职业只不过是手段)即完美境地的职业。"[②]这段论述从本质上体现了职业选择与个人适配的重要性,启发着大学生要有清晰的自我认知。自我认知也称为自我意

---

① 谷亚东,汤艳.高校思想政治理论课职业理想教育功能的实现[J].黑龙江高教研究,2014(6):115-117.
② 中共中央马克思恩格斯列宁斯大林著作编译局.马克思恩格斯全集:第40卷[M].北京:人民出版社,1982:6.

识,是个体对自己存在的觉察,包括对自我性格、心理状态、职业兴趣、职业技能等方面的认知。青年大学生在树立职业目标时,应对自己的性格、职业兴趣以及职业技能等有较为全面、准确的认识和评价。

1. 了解自我性格

了解自我性格是自我认知的重要部分。性格也称为人格特质,是一个人在生活中对他人、对事物、对自己、对外在环境所表现出来的一致性适应方式。著名职业生涯指导专家霍兰德认为,性格是兴趣、价值观、需要、技能、信念、态度和学习风格的综合体。性格对人的未来发展影响重大,"播下一个行为,收获一种习惯;播下一种习惯,收获一种性格;播下一种性格,收获一种命运"[①],从这句话中就可以看出性格对人生走向的影响。同时,人的性格与职业理想之间具有高度的关联性,具体表现在以下方面:

一是不同性格的人适合不同类型的工作。如从事销售行业的人,大多性格偏外向、活跃、善于表达;从事金融证券行业的人,大多性格较为严谨、务实;从事教育行业的人,多数性格较为热情、细腻和温暖。

二是从事不同职业的人,会在工作中不断巩固或调整原有的性格特征。因此,在确定职业理想时,要充分考虑自己的性格特征,选择与自己性格匹配度高的职业。高校要不断引导青年学生了解自己的性格,帮助其更好地扬长避短,促进"人职匹配",充分发挥个人才能,实现个人价值。

2. 认识自我职业兴趣

职业兴趣是兴趣在职业中的延伸,是指人们对某种职业活动具有较为稳定持久的心理倾向。[②]职业兴趣会使个人出于兴趣对某类或某种职业给予特别的注意,并由此产生情感向往。清晰地认识自我职业兴趣,有利于个体明确职业选择、树立职业理想,在就业后能够充分发挥自身所长,促进潜能的开发,提升工作效率。可以说,职业兴趣关乎个体的职业选择、职业目标、职业价值

---

① 纪东冲.把好习惯的"方向盘"[N].人民日报,2014-03-07(4).
② 黄蓉生.大学生职业发展与就业指导[M].北京:人民出版社,2015:50.

感和成就感。职业兴趣的培养是对个人潜能的一种最有效的开发,是把潜能转化为现实才华的最有效途径。[①]然而在现实生活中,很多大学生依旧不知道自己的兴趣所在,也更不知道如何去探索自己的职业兴趣。因此,在就业育人内容体系构建中,高校应该加强对大学生进行自我职业兴趣认知的引导:一是了解认识职业兴趣的方法,如自我行为观察法、兴趣倾向表达法、职业知识测验法、职业兴趣测试法等;二是了解认识职业兴趣的途径,如培养广泛的兴趣、确定中心兴趣、培养间接兴趣、积极参加职业实践、客观评价自己的能力等。总而言之,职业兴趣不是凭空产生的,而是个人在不断的职业实践中形成的,且与个人的个性、能力、成长环境等有密切关系。

3. 分析自我职业技能

职业技能是指就业所需的技术和能力。高校学子是否具备良好的职业技能,是否对自身的职业技能有清晰的认知,直接关系到能否顺利就业。要想合理树立职业目标,就应该对职业技能进行认知和了解,从而有目的地锤炼自身技能,为将来步入工作岗位做好准备。

一是分析专业技能。专业技能是需要通过教育或者培训才能获得的知识和技能,即通过专业学习所习得的技能。专业技能的习得和提升,主要依靠在高校的专业学习中积累和锻炼。大学生要以专业知识为基础,不断加强专业技能的提升和巩固,形成自身的专业竞争力,确保工作的专业度。

二是分析可迁移技能。可迁移技能是指不对应某项具体工作的通用性技能,是可以适用于不同工作场景的技能。可迁移技能是除了专业技能以外,用人单位最为看重的能力,是衡量一个人能否圆满完成工作任务的重要指标。它可以随着个人工作经历和生活阅历的丰富而不断提升,如常见的人际关系技能、组织协调技能、管理技能等。由于教育、生活环境、性格禀赋的不同,个体在可迁移技能方面存在差异。大学生要学会客观地分析自身的可迁移技能,实现对自我的精准定位。

---

① 章雪.大学生职业兴趣类型与职业规划关系研究[J].教育理论与实践,2017,37(3):26-28.

三是分析自我管理技能。自我管理技能主要用于描述人的特质,又被称为适应性技能,如个人品德、情商、情绪管理能力、胆识等。[①]自我管理技能在一定程度上决定着一个人在职业岗位上的表现,因为内在的个人特质影响着人的日常行为、职业态度以及处理问题、解决困难的方式等。因此,大学生要全面分析自我管理技能,找到差距和缺点,及时加以改进,进一步完善职业技能。

(二)将职业理想与专业定位相结合

大学生在了解并具备专业知识与技能、明确专业学习目的的基础上,还要感受职业特点和工作内容,对自己将来所要从事的职业有较为清晰的认知,才能根据专业定位进行职业理想的塑造。结合专业定位来塑造职业理想,有利于充分发挥个体的专业知识能力,实现个人特长与职业岗位的最佳匹配。

1. 剖析专业就业方向

规定专业名称和所属门类,是设置和调整专业、实施人才培养、安排招生、授予学位、指导就业、进行教育统计和人才需求预测等工作的重要依据。专业是高校人才培养的基本单元,能够为大学生就业发挥引航作用。当前,实现中华民族伟大复兴的时代背景既给高校毕业生就业带来了难能可贵的机遇,也带来了艰巨复杂的挑战。因此,要充分发挥专业教育对于高校毕业生就业的重要作用,引导高校毕业生正确认识专业就业方向,将对专业就业方向的认知提升到国家需要和改革创新要求的高度上来。

一是结合国家需要剖析专业就业方向。专业门类的设置,都来源于国家需要并且服务于国家需要。近年来,随着国家经济结构的转型和社会的深入发展,法学、计算机科学与技术、汉语言文学、英语、口腔医学、金融学等专业是十分热门的专业。在日常专业教育中,要讲明、讲透专业与国家发展之间的内在联系,使学生形成对专业就业方向的多元认知。

---

① 黄蓉生.大学生职业发展与就业指导[M].北京:人民出版社,2015:55.

二是结合改革创新要求剖析专业就业方向。近几年出现的人工智能、电子商务、生物育种科学、珠宝首饰设计等,都是国家基于时代发展和改革创新的需求,在高校中开设的新兴专业。因此,在塑造职业理想的过程中,高校要从国家宏观视角出发,引导广大学子把个人的聪明才智、创新创业精神与就业选择和职业理想相结合,充分发挥专业优势,勇于探索学科前沿,服务于国家改革创新发展的需要。

2. 分析专业发展前景

专业发展前景在一定程度上决定了未来的就业发展前景。"学什么专业好?"一直以来都是社会讨论的热点问题。容易就业、工资高也成为衡量专业发展前景的唯一标准。所以,在现实生活中,很多大学生在树立职业理想时,往往将物质利益作为确定职业目标的首要因素,而忽视了确立职业理想时应考虑的发展性原则。大学生在分析专业未来前景的过程中,要顺应社会发展的总体趋势,既要看到眼前,又要看到未来发展前景,自觉服务于国家总体战略需要。

一是分析社会需求。大学生选择职业的过程,既是个人对社会就业的选择,也是社会职业对个人进行选择。因此,分析专业发展前景要充分结合社会的实际需要,每个专业都有其特殊的社会价值,都有其存在的意义。

二是分析未来的发展形势。不仅要看到专业的当前情况,也要看到专业的未来发展前景,避免由于对专业的发展形势分析不准确而导致职业定位和职业理想出现偏差,与理想职业失之交臂。社会在不断发展变化,对专业的认识不能局限于眼前利益,而要从社会环境、社会需要、自身条件、职业潜能等方面加强对专业的认识,选择职业目标。

(三)将职业理想与社会发展相耦合

我国高等教育的培养目标是将大学生培养成有理想、有道德、有文化、有纪律的社会主义合格建设者和可靠接班人,进而实现与社会需求相适应的全面发展和个性发展的统一。[1]在职业理想塑造过程中,高校要引导大学生承担

---

[1] 陈睿.大学生职业规划与中国梦之实现[J].才智,2016(30):70,72.

国家和民族的使命,把个人的理想追求融入党和国家事业之中,为党、为祖国、为人民多做贡献。

职业理想对于个体和社会而言都至关重要。一方面,对于个体而言,职业理想在大学生就业准备过程中起到精神引领的方向性作用,对于个人成长和未来发展具有奠基作用;[①]另一方面,大学生职业理想塑造是实现美好未来社会蓝图的重要基础。[②]因此,大学生要将职业理想与社会发展相结合,服从国家大局,充分考虑社会和民族的需要,以国家利益和国家需要为导向树立职业理想。

1. 把握宏观社会环境

职业选择受社会关系的制约。大学生在选择职业时,必然会受所处社会历史时期的特定社会关系的制约。正如马克思所说:"我们并不总是能够选择我们自认为适合的职业;我们在社会上的关系,还在我们有能力对它们起决定性影响以前就已经在某种程度上开始确立了。"[③]此论述充分揭示了个人的职业理想与社会之间的关系。个人活动与社会发展存在着相互联系、相互制约的关系,个人活动对社会发展具有能动作用。因此,大学生要树立正确且合理的职业理想,就要充分把握宏观社会环境。只有认识到外部环境的客观情况,个人的职业理想才会更加科学合理。

一是要引导高校大学生把握国际形势。当前国际形势发生了深刻变化,经济全球化遭遇逆流,世界经济复苏动力不足,大国博弈日趋激烈,世界进入新的动荡变革期,外部环境更趋复杂严峻。

二是引导高校大学生了解国内环境。受外部环境的不确定性影响,我国的发展面临多年未见的需求收缩、供给冲击、预期转弱三重压力。经济尚处在

---

① 谷亚东,汤艳.高校思想政治理论课职业理想教育功能的实现[J].黑龙江高教研究,2014(6):115-117.
② 李清贤,曲绍卫,马世洪.大学生职业规划与中国梦之实现[J].中国高等教育,2014(9):15-17,49.
③ 中共中央马克思恩格斯列宁斯大林著作编译局.马克思恩格斯全集:第40卷[M].北京:人民出版社,1982:5.

疫情严重冲击后的恢复发展过程中,保持经济平稳运行的难度加大,改革发展稳定任务艰巨繁重。通过对宏观社会环境的分析,高校能够引导大学生认清目标职业在社会中的处境和地位,以及未来社会走势对目标职业的影响,从而更加理性客观地树立职业理想。

2. 考虑社会就业需求

人类社会生活是由各行各业的活动构成的有机整体,任何个人的活动都会对社会的发展产生这样或那样的影响。因此,个体在树立职业理想时,应该充分考虑社会发展和社会就业需求。所谓社会就业需求,是指社会作为一个整体或以整个社会为单位提出的就业需要。树立职业理想、追求职业目标则是根据自己的意愿,主动选择自己所要从事的工作的过程。个人应当将职业理想与社会就业需求充分融合,方能填补社会所需,顺应时代大势。

一是要引导大学生增强研究能力和创新意识,适应社会对高新技术人才的需要。长期以来,中国科技创新一直呼唤更多"高精尖缺"人才。作为国家人才队伍的重要组成部分,这些人才在加快产业优化升级、提高国家核心竞争力、推动技术创新和科技成果转化等方面都发挥着不可替代的作用。在"大思政"育人格局中,高校要不断加强对大学生创新意识和研究能力的培养,引导他们自立自强、勇于担当。

二是要培养学生服务社会的奉献精神,适应社会对基层人才的需要。一方面,基层就业是国家人才强国战略的重要内容,旨在促进青年人才的健康成长,改善基层人才队伍结构;另一方面,基层有着丰富的就业创业机会,"西部计划""三支一扶""选调生计划"等,都是国家给予高校毕业生的就业优惠政策。高校要将培育大学生的奉献精神和责任担当意识作为就业育人的重要内容,引导他们树立服务基层的意识,适应社会对于基层就业的需求。

三、奋斗精神培育

习近平总书记指出,"团结奋斗是中国人民创造历史伟业的必由之路"[①]。在实现第二个百年奋斗目标的新征程上,我们要继续前进,就决不能丢掉艰苦奋斗的传统。奋斗精神不仅体现在国家经济、社会、文化、生态发展等各领域中,也体现在我们每一个个体的生活、学习和工作之中。就业作为人生的重要阶段,关乎个人的生活和个体价值的发挥。因此,要将奋斗精神融入就业育人体系中,不断提升大学生的意志和力量。习近平总书记指出:"奋斗不只是响亮的口号,而是要在做好每一件小事、完成每一项任务、履行每一项职责中见精神。奋斗的道路不会一帆风顺,往往荆棘丛生、充满坎坷。强者,总是从挫折中不断奋起、永不气馁。"[②]

(一)在专业学习中培育创新创业素质

习近平总书记指出:"青年是国家和民族的希望,创新是社会进步的灵魂,创业是推动经济社会发展、改善民生的重要途径。"[③]大学生是推动社会发展的生力军,培养创新创业素质和能力,既有利于个人素质的提升,也有利于破除陈旧的职业生涯理念。创新创业是建设创新型国家和落实"科教兴国"战略的需要,也是建设中国特色社会主义和实现中华民族伟大复兴的需要。因此,要积极推动创新创业素质培育与职业价值观教育、择业观教育、国情教育等相结合,通过专业学习这一主渠道,不断培育大学生的创新创业素质。引导大学生在创新创业过程中涵养敢为人先、勇于探索的担当精神和孜孜不倦、刻苦钻研的奋斗精神,已成为实施就业育人的有力抓手和有效途径。

1. 依托专业教育培育创新创业能力

创新创业能力是指个体对自己拥有或通过努力能够拥有的资源进行优化整合,从而创造出更大经济或社会价值的能力。创新创业能力是创新创业教

---

① 习近平.习近平谈治国理政:第4卷[M].北京:外文出版社,2022:34.
② 习近平.论党的青年工作[M].北京:中央文献出版社,2022:211.
③ 习近平.论党的青年工作[M].北京:中央文献出版社,2022:49.

育的培养重心[①],有利于大学生适应经济结构转型背景下的社会发展需求,缓解不断增大的就业压力。高校要充分依托专业课堂,发挥专业教育的核心作用,培育大学生创新创业能力。

一是要依托专业课程培养基本能力和知识。专业课程是培养创新创业能力的基础,只有扎实掌握了专业理论知识,才能实现能力的养成和提升。"大思政"视域下的就业育人,要将创新创业能力培养与专业教育相结合,将创新创业素养融入专业知识之中,使大学生在学习专业课程的过程中,潜移默化地受到创新创业素养的影响与熏陶。

二是要依托创新创业项目实现能力提升。大学生创新创业项目是学生团队在导师的指导下,采用前期创新训练项目(或创新性实验)的成果,提出一项具有市场前景的创新性产品或者服务,并以此为基础开展创业实践活动。参与创新创业项目实践,能够进一步发挥大学生的创新潜能,将创新构想转化为社会现实,从而实现自我价值和社会价值,并在此过程中培育创新精神和开拓进取精神。

2. 结合学校思政课程培养创新创业理念

思想政治理论课是落实立德树人根本任务的关键课程,同时也是高校思想政治工作的主力军、主阵地和主渠道。高校要重视"大思政"视域下思想政治理论课作用的发挥,加强创新创业理念与思政课程的贯通融合,引导大学生树立创新创业意识。

一是要加强思政课堂与创新创业元素的融合。创新创业教育与思想政治教育有相同的育人因素和目标,都关系到学生思想发展和人才培养质量,关系到第二个百年奋斗目标的实现。要积极更新育人理念,落实立德树人根本任务,在思想政治理论课中融入创新创业育人元素,推动学生敢于创新创业、自觉地创新创业。

二是要协同思政课教师和创业就业导师同向同行。师资力量是影响育人

[①] 王洪才,郑雅倩.大学生创新创业能力测量及发展特征研究[J].华中师范大学学报(人文社会科学版),2022(3):155-165.

效果的重要因素。要充分发动多方协同育人力量,加强思政课教师与创新创业导师的同向同行,实现思政教育与创新创业指导工作的融合。

三是要优化思政课程教学内容。突出思政课程对学生创新创业精神和奋斗精神的培育效果,将创新创业教育融合进思政课教学大纲中,全方位、全覆盖培养学生形成正确的就业观。高校要通过显隐并举的渗透式教育引导,不断提升大学生的创新创业意识,磨砺坚持不懈、顽强努力、独立思考、善于合作交流的创业品质。

(二)在实习实训中磨砺心态能力本领

实习实训是就业育人工作中的重要环节,是连接专业学习和工作岗位的最后桥梁。磨砺心态能力本领、提升实干力和践行力是这一环节最重要的目标。习近平总书记在全国高校思想政治工作会议上强调:"要重视和加强第二课堂建设,重视实践育人,坚持教育同生产劳动和社会实践相结合,广泛开展各类社会实践,让学生在亲身参与中认识国情、了解社会、受教育、长才干。"[①]他寄语大学生"希望你们努力在为人民服务中茁壮成长、在艰苦奋斗中砥砺意志品质、在实践中增长工作本领"[②]。实践育人是人才培养的重要方式,实习实训则是实践育人的重要内容,对于磨砺大学生的心态能力本领有十分关键的作用。因此,"大思政"视域下的就业育人内容构建要充分发挥实习实训的作用,紧紧围绕落实立德树人根本任务,引导大学生在实习实训中完善自我,接续奋斗。

1. 引导养成积极心态

积极心态是个体对待自身、他人或事物的积极、正向、稳定的心理倾向,是一种良性的、建设性的心理准备状态。在就业过程中,养成积极心态是成功就业的心理法宝,直接影响到个体的就业行为。养成积极心态是顺利择业就业和克服困难、朝既定目标前进的必要条件,对于引导大学生正确对待工作困

[①] 中共中央文献研究室.习近平关于青少年和共青团工作论述摘编[M].北京:中央文献出版社,2017:77.
[②] 习近平.论党的青年工作[M].北京:中央文献出版社,2022:225.

境、塑造阳光心态、发挥个人潜能,主动克服职业生涯中的种种困难具有重要作用。因此,在实习实训环节,高校要加强心理健康教育,引导大学生养成积极心态。

一是引导大学生养成自信心态。自信是成功就业的前提。实习实训等实践活动可以引导大学生坦然面对竞争,以良好的心态面对未来在面试中被拒绝的尴尬场面,摒弃懦弱、自卑和胆怯的心理,在实践中不断进步,形成良好心理素质。

二是引导大学生树立合理期望。当前,虽然国家针对大学毕业生出台了许多就业优惠政策,创设了良好的外部条件,但是随着经济下行压力的增大和疫情所带来的持久影响,就业形势依旧严峻。大学生切身参与到实践锻炼和社会竞争中去,能够真实了解、感受就业现状,正视就业现实,树立合理期望,根据就业实际及时调整职业理想。

三是引导大学生直面困难挫折。实习实训对于大学生而言,是正式踏入社会的预演,在这一过程中通常会遇到各种各样的挫折和困惑。就业育人工作要充分结合实习实训环节,引导大学生树立正确的挫折观,学会对失败和困难合理归因,既不单一归咎为外部因素,也不单一归咎为内部因素,要学会内外结合来分析原因,勇于面对挑战,方能迎来机会。

2. 磨砺艰苦奋斗精神

艰苦奋斗是以勤劳坚韧、克服困难为准则的基本精神和人生风范。习近平总书记曾指出:"奋斗是青春最亮丽的底色。'自信人生二百年,会当水击三千里。'民族复兴的使命要靠奋斗来实现,人生理想的风帆要靠奋斗来扬起。"[1]艰苦奋斗精神有利于帮助当代大学生克服畏惧艰难、怕吃苦劳累、心理脆弱、难以融入社会、缺乏责任感等问题,能够引导大学生在择业就业的过程中树立正确的奋斗观,意识到艰苦奋斗精神是实现自我价值的内在需要。

---

[1] 习近平.论党的青年工作[M].北京:中央文献出版社,2022:211.

在"大思政"视域下,要想充分发挥就业育人的功能和价值,就要利用好实习实训这一重要环节,准确把握实习实训过程中的育人要素,切实通过实习实训磨砺大学生的艰苦奋斗精神。

一是通过专业实习切实体悟奋斗力量。专业实习是高等教育的重要环节,旨在培养大学生的实践和创新能力。在这一过程中,大学生根据专业特色和要求,分别前往社会各行各业开展实践,充分实现和职业的接轨,切实感受职业拼搏精神、体悟奋斗力量。

二是通过社会实践强化责任意识。高校要引导大学生在社会实践、志愿服务、公益活动等过程中强化社会责任感,利用所学所长为他人和社会提供服务,增强独立自主能力和团队合作能力,争做新时代的奋斗者。

3. 增长知识才干本领

知识、才干、本领是大学生就业能力的具体体现。大学生的就业能力不仅仅是在获得工作这一环节表现出来的能力,还包括在入职以后和升职过程中体现出来的综合能力。它反映了大学生在校期间对专业和相关知识的学习实践程度,以及对自身潜能的开发情况,是适应劳动力市场需要和在社会活动中实现自身价值的一种综合能力。知识、才干、本领是个体求职就业过程中的重要因素,同时也是核心竞争力的关键体现。

实践是所有经验、理论、真理的源泉,也是历练本领、增长才干的重要途径。习近平总书记指出:"广大青年要努力成为有理想、有学问、有才干的实干家,在新时代干出一番事业。"[①]只有在实习实训中才能实现能力的提升,才能真正实现由知到行的转换。因此,在构建高校就业育人内容体系时,要尤其重视实习实训之于大学生增长才干的重要作用。

一是引导知行转化。实习实训为大学生提供了全真的场域和切实的锻炼机会,在这一过程中,要充分发挥指导教师和学生之间的交互作用,让学生在参与社会实践中实现由理论到实践的转化。

---

① 习近平.在北京大学师生座谈会上的讲话[N].北京:人民出版社,2018:14.

二是引导增强技能。大学生参与实习实训的最终目的,就是实现能力的提升和素质的养成。要引导大学生在认真干好每一件小事中提升技能,通过小事使自身技能得到锤炼和提高。还要引导大学生在勇挑重担中提升能力,难题往往是提升自身技能的阶梯,要学会在重担、难题面前有新视角、新思路和新方法,实现能力的突破。

(三)在择业就业中养成良好职业精神

职业精神是指在工作过程中,人才所体现出的工作态度、工作情感,主要包括基于职业认知而逐渐形成的理想、责任、纪律、信誉等。它是从事某种职业本应具备的,与个体的职业活动紧密联系的精神。在当前全面建成社会主义现代化强国的新征程上,培养高校大学生养成恪尽职守的职业精神,在工作岗位上发挥才智、贡献能量,是实现中华民族伟大复兴的必然要求,也是提升育人成效的应有之义。

1. 养成敬业勤业的工作态度

敬业勤业是职业精神的重要组成部分,旨在引导大学生在求职就业的过程中养成踏实勤恳、尽心尽责、一丝不苟的工作作风。在全国劳动模范和先进工作者表彰大会上,习近平总书记指出:"在长期实践中,我们培育形成了爱岗敬业、争创一流、艰苦奋斗、勇于创新、淡泊名利、甘于奉献的劳模精神,崇尚劳动、热爱劳动、辛勤劳动、诚实劳动的劳动精神,执着专注、精益求精、一丝不苟、追求卓越的工匠精神。"[①]当前在"大思政"育人格局下,要善用社会大课堂,与现实生动素材相结合,站在培养能够担当民族复兴大任的时代新人的战略高度,以"爱岗敬业、争创一流、艰苦奋斗、勇于创新、淡泊名利、甘于奉献"的劳模精神为核心内容,引导大学生在求职就业过程中养成敬业勤业的工作态度。

一是要将敬业勤业教育贯穿于大学生择业就业的全过程。高校应依据就业意识萌芽、求职准备、择业就业等各个阶段的不同特点,在把握育人规律的

---

① 中共中央党史和文献研究院.习近平关于社会主义精神文明建设论述摘编[N].北京:中央文献出版社,2022:159-160.

基础上,分阶段进行就业育人工作,既尊重个性差异,又遵循共性规律。高校要把握"大思政"格局下的育人特点,坚持因事而化、因时而进、因势而新,及时把劳模故事、爱岗典范、民生要事等话题转化为鲜活的教学素材,讲好与青年大学生紧密相关的先进典范,真正做到就业育人工作与时代同频,与学生思想共振。

二是要将敬业勤业教育融入大学生择业就业的全方位。就业育人作为一项系统工程,不仅需要融入学生成长发展的过程,更需要统筹社会、家庭与学校多方资源,形成全方位高效协同的良好育人格局。劳动精神的全方位融入和熏陶,能够增强就业育人的引领力和影响力,加强大学生对职业精神的感知和体悟,推动他们形成敬业勤业的工作态度。

2. 追求创业立业的工作目标

创新是一个民族的灵魂,是一个国家兴旺发达的不竭动力。对于个人职业发展而言,保持创新、追求进步,最终达成创业立业的目标,是职业生涯发展过程的应有之义。因此,面对日新月异的科技发展和产业结构的转型升级,大学生的职业活动、职业目标必须开阔眼界、追求进步。

一是紧跟时代步伐,不断追求创新。创新创业对社会经济的影响是显著而深远的,激励大学生创新创业以缓解就业压力,越来越成为人们的共识。[①]要引导大学生在求职就业过程中紧跟世界潮流和时代发展,有所侧重地思考和从事那些对经济、科技、国防和社会发展具有战略性、基础性、关键性作用的行业领域,抓紧攻关,自主创新,不断发明创新,推进职业发展。

二是提升思想境界,开创人生大业。高校要引导大学生将人生大业的根基立于社会发展需要的基础之上,不仅要清醒地认识到我国长期处于社会主义初级阶段的基本国情,也要牢牢把握社会发展趋势,使自身的职业精神服务于社会发展,同时成就自我。

---

① 刘春花.学术资本:促进大学生创业能力提升的要素[J].教育发展研究,2010,30(21):67-70.

四、家国情怀构筑

家国情怀是中华优秀传统文化的重要组成部分,蕴含着深沉的民族情感和鲜活的精神基因,是推动个体奋发向上和推动国家聚力发展的强大精神动力。习近平总书记指出:"我们要在全社会大力弘扬家国情怀,培育和践行社会主义核心价值观,弘扬爱国主义、集体主义、社会主义精神,提倡爱家爱国相统一,让每个人、每个家庭都为中华民族大家庭作出贡献。"[①]择业就业作为个体人生道路的重要组成部分,不仅关乎个人未来发展,也与家庭和国家的发展息息相关。因此,要将家国情怀构筑融入大学生择业就业的各个环节之中,以此培育砥砺奋发的时代新人、笃行不怠的担当先锋和扎根人民的光辉榜样。

(一)培养砥砺奋发的时代新人

培养"有理想、有本领、有担当"的时代新人是落实立德树人根本任务的关键所在。《中共中央关于党的百年奋斗重大成就和历史经验的决议》中明确指出,党和人民事业发展需要一代代中国共产党人接续奋斗,必须抓好后继有人这个根本大计。[②]因此,培养砥砺奋发的时代新人是实现中华民族伟大复兴的中国梦的必然要求,同时也是青年人勇担历史责任的前进方向。就业作为展现青年搏击力量、施展个人能力的主要方式,以什么样的心态和抱负就业,直接关系到未来社会的发展。在构建就业育人内容时,要将培养时代新人的历史任务融入职业生涯教育之中,不断塑造胸怀理想信念、练就过硬本领的青年先锋。

1. 胸怀理想信念

心中有信仰,行动有力量。胸怀理想信念是"大思政"格局下就业育人工作的重要内容,关乎大学生的政治取向和政治信念,能够有效激发个体的主体意识和生涯意识,引导大学生树立远大的人生理想,以积极、乐观、敬业、奉献

---

① 中共中央党史和文献研究院.习近平关于注重家庭家教家风建设论述摘编[M].北京:中央文献出版社,2021:71.
② 中共中央关于党的百年奋斗重大成就和历史经验的决议[M].北京:人民出版社,2021:74.

的态度主动融入社会,把个体人生价值的实现与中华民族伟大复兴的中国梦相结合。

一是要在就业择业过程中,引导大学生树立正确的理想信念。要以马克思主义思想引导青年大学生,坚定共产主义信念,同时紧密结合社会主义现代化建设的实际、紧密结合社会就业形势、紧密结合大学生的思想和生活实际,使大学生真切且深刻地认识到马克思主义理论的科学性,树立对马克思主义、社会主义和共产主义的信念,才能在行动上始终不渝地孜孜追求。

二是要针对生涯教育不同阶段,有针对性地加强理想信念教育。开展理想信念教育要与时俱进、贴合实际。要想产生良好的成效,就必须紧密贴合大学生求职就业的不同时期和阶段,以理想信念教育回应学生在职业生涯规划时期、实习实践时期、择业迷茫时期以及正式就业时期等各个阶段的心中所困,从而为就业育人工作的开展提供切合实际的基础,不断引导大学生增强"四个自信",把实现中华民族伟大复兴的中国梦的热情转化为投身祖国建设的实际行动。

2. 练就过硬本领

练就过硬本领不仅是提升自我的需要,也是新时代赋予青年的责任使命。青年大学生在求职就业过程中,应从培育理论素养、提升实践能力、勇担时代重任这三个方面练就本领。

一是培育理论素养。马克思主义立场、观点、方法是做好工作的看家本领,是指导我们认识世界、改造世界的强大思想武器。对于大学生求职就业而言,最根本的本领也是运用马克思主义立场、观点、方法,正确、客观且理性地认清自我、了解求职环境、指导就业实践,并在此过程中学会运用联系、发展、辩证的眼光看待问题,掌握重点与要点,在工作中研究新情况、解决新问题。

二是提升实践能力。实践能力是工作顺利完成的关键要素。高校要不断引导大学生肯干实干,学思践悟,知行合一,在岗位上挥洒敢拼敢闯、积极向上的青春热情,在实践中磨砺责任担当意识,实现能力的发展和提升。

三是勇担时代重任。习近平总书记在纪念五四运动100周年大会上指出:"新时代中国青年要继续发扬五四精神,以实现中华民族伟大复兴为己任,不辜负党的期望、人民期待、民族重托,不辜负我们这个伟大时代。"①当前中国正昂首阔步走在民族复兴的伟大征程上,势必赋予青年一代未来的重托。广大青年大学生应将个人职业选择与祖国需要结合起来,立足岗位,与时代同向同行,不负重托。

(二)塑造笃行不怠的担当先锋

"青年兴则国家兴,青年强则国家强。青年一代有理想、有本领、有担当,国家就有前途,民族就有希望。"②在引导青年大学生养成正确的就业观时,要把担当精神和笃行不怠的生动实践融入就业育人的总体格局之中,与大学生的择业就业息息相关,让就业教育真正入脑、入心、入行,从而更好地实现立德树人根本任务。

1. 在基层一线奋斗中展现担当

习近平总书记鼓励广大青年"到基层和人民中去建功立业,让青春之花绽放在祖国最需要的地方,在实现中国梦的伟大实践中书写别样精彩的人生"③。基层是一个宽泛的概念,一般指县级以下党政机关、国有企事业单位、社区组织及其他经济组织和社会组织。④一般来讲,基层既包括广大农村,也包括城市街道社区;既涵盖县级以下党政机关、企事业单位,也包括社会团体、非公有制组织和中小企业;既包含单位就业,也包括自主创业、自谋职业。各级政府为了鼓励大学生面向基层就业,也出台了多项计划,如选调生、大学生志愿服务西部计划、"三支一扶"计划、农村特岗教师计划等等。当前投身基层、扎根基层已成为许多大学毕业生就业的重要方向,是青年大学生施展聪明才智和理想抱负的广阔天地,不仅能够帮助其扩宽视野、加强历练,也有利于改善基

---

① 习近平.论坚持人民当家作主[N].北京:中央文献出版社,2021:255.
② 习近平.习近平著作选读:第2卷[M].北京:人民出版社,2023:57.
③ 习近平.习近平书信选集[M].北京:中央文献出版社,2022:34-35.
④ 黄蓉生.大学生职业发展与就业指导[M].北京:人民出版社,2015:40.

层人才队伍结构,促进城乡经济协调发展。在高校就业育人过程中,要充分利用"大思政"的大主体、大场域和大格局优势,引导大学生到基层就业,到西部就业,到祖国需要的地方就业,在基层一线练就过硬本领、施展青春才干、展现青年担当。

2. 在关键时刻展现担当

习近平总书记指出:"新时代的中国青年要以实现中华民族伟大复兴为己任,增强做中国人的志气、骨气、底气。"①因此,大学生要树立"越是关键时刻,越要担当作为"的大无畏精神。高校就业育人工作承担着引导大学生树立正确的就业观的责任,要激励青年大学生围绕国家发展选择合适的职业,与祖国前行方向同向同行。本身就蕴含着育人职能的就业育人工作,无论是就业管理还是就业服务,在各个环节都要贯彻落实育人理念,培育大学生在关键时刻挺身而出的担当意识。

一是要引导大学生在工作需要时挺身而出,展现职责担当。大学生要树立正确的职业价值观,在工作中忠诚敬业,把工作当作一种快乐,坚定不移,乐此不疲,立足于自身岗位尽心尽力,展现职责担当。

二是要引导大学生在家庭、学校需要时挺身而出,展现角色担当。就业不仅关乎个体,也是家庭和学校协同育人的重要目标指向。高校要引导大学生养成积极就业和勇于面对竞争的良好心态,学会在工作岗位上实现人生价值,承担家庭责任。

三是要引导大学生在社会需要时挺身而出,展现青年担当。当前,我国发展面临多年未遇的需求收缩、供给冲击、预期转弱三重压力,经济尚处在疫情冲击后的恢复发展过程中,保持经济平稳运行的难度加大,改革发展稳定任务艰巨。高校要引导大学生将个人追求与社会需求相结合,鼓励青年学生到基层和人民中去建功立业,把基层实践作为最好的课堂,大胆去经风雨、见世面、壮筋骨、长才干、做贡献,让青春之花绽放在祖国最需要的地方,在求职就业过

---

① 习近平.习近平谈治国理政:第4卷[M].北京:外文出版社,2021:14.

程中胸怀忧国忧民之心、爱国爱民之情,找准人生的定位和方向。

(三)铸就扎根人民的青年楷模

我们党根基在人民、血脉在人民。党的百年历史,就是一部践行党的初心使命的历史,就是一部党与人民心连心、同呼吸、共命运的历史。青年大学生在择业、就业和未来的职业生涯发展过程中,都应该将"为中国人民谋幸福、为中华民族谋复兴"作为自己的使命和责任,向下扎根汲取奋进力量,向上生长成就人生价值,树立崇高理想,保持艰苦奋斗的作风,以实际行动成为扎根人民的青年楷模。

1. 向下扎根汲取奋进力量

习近平总书记在纪念五四运动100周年大会上指出:"青年的人生目标会有不同,职业选择也有差异,但只有把自己的小我融入祖国的大我、人民的大我之中,与时代同步伐、与人民共命运,才能更好实现人生价值、升华人生境界。"①基层是年轻人实现梦想的大舞台,大学生扎根基层大有可为。向下扎根、奉献青春是青年大学生实现个人价值的重要途径,也是推动基层发展的迫切需要。高校毕业生作为社会培养的高层次人才,具备知识丰富、富有闯劲、充满朝气等特点,能够为基层发展、人民幸福注入不竭的动力。同时,人民群众作为历史的创造者,具有无穷无尽的能力,向下扎根也能帮助青年大学生学习聪明才智、汲取奋进力量。《关于进一步加强和改进大学生思想政治教育的意见》中明确提出:"要帮助大学生树立正确的就业观念,引导毕业生到基层、到西部、到祖国最需要的地方建功立业。"②在高校毕业生的就业过程中,要进一步加强思想政治教育因素的融入。

一是引导青年大学生扎根基层。习近平总书记指出:"基层跑遍、跑深、跑透了,我们的本领就会大起来。"③"最美基层高校毕业生"的选拔表明,青年大学生在基层拥有广阔的发展天地,是施展才干、建功立业的优质舞台,也是磨

---

① 习近平.在纪念五四运动100周年大会上的讲话[M].北京:人民出版社,2019:7.
② 中共中央文献研究室.十六大以来重要文献选编(中)[M].北京:中央文献出版社,2006:185.
③ 新华通讯社课题组.习近平新闻舆论思想要论[M].北京:新华出版社,2017:102.

砺品质意志的重要窗口。高校要引导大学生扎根基层,把个人理想融入国家梦想之中,在基层不断成长提升,实现个人价值。

二是引导青年大学生扎根群众,以人民群众的需要为日常工作的出发点,扎根人民大地、厚植人民情怀,向人民学习本领。无论何时何地,大学生都应不断增强自我意识,凝练责任情感,陶冶道德情操,锤炼责任行为,具有良好的责任感,充分发挥榜样示范作用,做实干亲为的楷模。大学生自觉将个人理想与国家发展相结合,能够更好地了解国情、了解社会,正确认识社会形势,树立行行建功、处处立业的就业理念,让青春在祖国最需要的地方绽放光彩与活力。

2. 向上生长成就人生价值

高校大学生的职业规划折射出的是一代青年的职业理想,而一代青年的职业理想是推进社会主义建设、实现未来美好社会蓝图的现实基础。因此,青年大学生在进行职业定位和树立职业理想时,不能仅仅关注物质生活的实现与满足,而应更多考虑个体人生价值的实现,以及如何将个人职业理想有机融入实现中华民族伟大复兴的历史潮流之中。

在就业育人工作中,高校应引导青年大学生在就业过程中锚定自己的人生航向,在学习、就业和生活的方方面面都要追求进步,提升格局,开阔眼界,不断实现人生的向上生长。"大思政"视域下的就业育人工作,应提供充分的有关职业选择、职业理想、人生定位、事业发展、个人价值实现的生动素材和育人因子,充分结合社会的大场域和时代的长跨度,从纵贯百年历史、横贯社会领域的维度拓展育人内容。

一是要保持学习。学习的步伐是永无止境的,即使走上工作岗位也应该不断充实自身,向身边的优秀同事学习,向社会的劳动模范学习。劳动模范作为各行各业的先进代表,彰显了爱岗敬业的精神和榜样的示范力量,是青年一代应该学习和为之努力奋斗的目标。

二是要砥砺奋进。砥砺奋进,即在磨炼中奋勇前进。国家发展靠人才,民族振兴靠人才。新时代的青年大学生应不断磨砺自己的能力本领,深怀爱国之心、砥砺报国之志，主动担负起时代赋予的使命和责任，砥砺奋进，为社会发展贡献力量。

三是要正视困境。希望和逆境都是催人成长的原动力。青年大学生在就业过程中要摆脱被动依赖、消极等待的状态，在困境中保持希望，提高遭受挫折后的心理调节能力，不断地向上生长，成就非凡人生。

第五章

"大思政"视域下高校就业育人的过程衔接

高校就业育人作为引导大学生树立正确世界观、人生观、价值观的一项重要内容，不是仅仅针对毕业年级的学生，而是贯穿整个大学各个阶段。由此，本书立足于"大思政"的宏阔背景，根据大学生不同阶段的思想特点和面临的学习任务，从职业生涯教育、职场践训体悟、求职择业引流和职前调适疏导四个方面来分析高校就业育人的过程衔接。

一、职业生涯教育

关于职业生涯教育的概念，目前学者们尚未形成一致的认识。有学者认为，职业生涯教育是有目的、有计划、有组织地培养个人规划自我职业生涯的意识与技能，发展个人综合职业能力，促进个人职业生涯发展的活动。职业生涯教育是积极引导个人形成自身职业生涯规划的综合性教育活动，对刚进大学的学生进行职业生涯教育，不仅能够引导其合理转化自身角色、自觉唤起生涯意识，还能够帮助学生制订与之相应的职业目标，推动大学生朝着这个目标努力奋斗。

（一）引导角色转换

世界舞台很大，每个人都在其中扮演着重要角色。从心理学的视角来看，扮演的角色发生变化，会影响到个体的心理发展。刚步入大学校园的新生，是在真正意义上离开父母，离开熟悉的成长环境，开始独自踏上漫漫求学之路，去追逐自己的梦想。大学阶段是储备理论知识、完善个人能力和实现成长成才的"拔节孕穗期"，然而，由于高校学习的相对独立性和自主性，大学生的身心发展自然也就表现出多元化的特点，在角色转变过程中必然会出现不适应、不习惯等问题。只有及时引导学生转变自身的角色，才能帮助他们快速适应新的大学生活，及时找到实现自身成长的新的发展机遇。这是直接决定大学生职业生涯发展状况和成效的前提。

1. 完成从中学生到大学生的角色转换

从中学进入大学后，学生面临的生活环境、学习内容、学习方式以及个人兴趣都会发生或多或少的变化。为了使大学新生积极适应新的环境，承担职业生涯教育责任的教师就要引导他们实现由中学生向大学生角色的转变，帮助他们较好地适应新的大学生活。大学生的角色转变，主要包括生活方式的转变、交往方式的转变以及奋斗目标的转变。

一是引导大学新生适应生活方式的转变。高中阶段，学生的学习生活基本上由家长和老师来统筹安排。对于学生来说，他们的主要任务是努力学习、备战高考。但是，进入大学以后，绝大部分学生开始住校生活，自然也就缺少了父母的管制和约束，意味着个人生活的各个方面基本上由自己来安排。这就在一定程度上给大学新生造成了"零乱感"，有些甚至会无从适应、无从下手。新生处于从依赖他人到独立处世的转折阶段，教师在对学生开展职业生涯教育的过程中，可以通过回顾自身的大学生活，不断缩小与新生的心理距离，为新生适应大学生活提供解决思想困惑和现实问题的方法，积极有效地引导新生合理安排学习生活，有意识地培养自主、自立、自律的人格品质，面对学习生活中遇到的挫折，能够始终保持冷静沉着的心态，积极进行心理调适，不断增强独立处世的能力。

二是引导大学新生适应交往方式的转变。众所周知，中学阶段，学习是压倒一切的首要任务，也是学校和家长工作的重心所在。学生全部精力都用在学习上，人际交往相对较少。大学阶段与中学阶段不同，要与来自不同地区、不同民族的学生汇聚一校，人际交往的范围和目的也随之有着明显变化。面对这一变化，有的学生由于中学阶段缺乏人际交往，可能会碰壁、遭受挫折，甚至会产生一些心理问题，影响心理的健康成长。教师在对学生进行职业生涯教育的过程中，必须重视这个问题，通过选取恰当的案例进行比较，帮助学生完成角色的转变，使他们能够做到主动交往、相互了解、积极适应、彼此尊重，真正掌握交往之道。

三是引导大学新生适应奋斗目标的转变。历经繁忙与紧张的高考，一些学生在迈入大学后，由于缺乏明确的学习目标，会对大学学习生活感到一片茫然，甚至滋生"及格万岁"的不良心态。这是大学生缺乏人生奋斗目标的典型表现,在他们看来,拿到了毕业证这张"通行证",其他事情就解决了,所以不再努力。为使大学新生适应奋斗目标的转变,教师要引导他们认识到大学只是人生的一个新起点,应端正心态,保持刻苦学习的状态,以新的姿态站在新的起跑线上。同时,要做好人生各个阶段的学业规划,制订每个阶段需要实现的目标,从而全面提升综合素养,为毕业求职做好积极且充足的准备。

2. 实现从"学习者"到"学习者与践行者"双重身份的转换

个体是终身学习者,也是终身践行者。这个道理很好理解。大学生在学习中获得对理论知识的认识,从而有效指导社会实践的开展。同时,对实践经验的进一步总结也将帮助学生不断深化对理论的认知,从而更好地服务于社会实践,这是个人在学习生活中不可缺少的两个重要方面。因此,引导大学新生完成从单一的学习者身份向学习者与践行者双重身份的蜕变,是成长成才的必然一环。

一是引导大学新生适应学习方式的转变。大学学习方式多种多样,课堂学习与课外学习多种多样,传授式教学与操作式实践兼而有之。虽然大学生获取知识的主要渠道还是课堂学习,但这并不是唯一的学习途径。除了课堂学习之外,实习、见习、实践锻炼等课外学习方式变得更加多样化。只有将课堂上学习的理论知识运用到社会实践和实习实训中,才能激发学生的学习兴趣和现实动力,为进一步接触社会和面对实际问题打下坚实基础[1]。因此,教师在职业生涯教育的过程中,要推动学生加强自我反思,认识到自己在学业上存在的不足,积极引导学生从单纯的理论学习向理论学习与实践锻炼同步推进转变。要让大学生明白,不仅要上好每一堂课,还要按照自己拟定的人生发展规划进行自主学习和探索,从而为自己的职业生涯奠定良好基础。

二是引导大学新生适应思维方式的转变。相较于中学阶段,大学生活的活动空间和范围变得更大,学习科目种类繁多,需要独立解决的问题更多。面对学习和生活的变化,大学新生的思维方式也必然要从感性向理性转变,做事

---

[1] 陈捷.大学生职业发展与就业指导[M].北京:清华大学出版社,2012:54.

不能随心所欲、肆意妄为而不顾后果。因此,教师在职业生涯教育的过程中,要积极引导学生三思而后行,处理事情要理性、睿智与冷静,不能感情用事、想当然做事,必须考虑到每一种行为会产生的后果。

三是引导大学新生适应社会活动的转变。大学阶段的学习,由中学阶段单一的学习任务向多样化的学习活动转变。党组织、团组织、学生会、班委会等组织的活动日益增多,志趣相同、爱好相近的学生也会汇聚在一起组织各种课余活动。在多样化的社会活动中,大学生要将学到的理论知识和积累的经验教训,运用到这些实践中来,才能更好地应对学习生活中所发生的变化。这也是教师在职业生涯教育的课堂上,必须引导学生主动调适的重要内容。

(二)树立生涯意识

职业生涯活动伴随终生。成功的职业生涯能够成就完美人生,帮助大学生培育职业生涯意识,建立合理的职业生涯与发展规划是其中至为关键的一步。

1. 唤醒生涯意识

随着我国市场经济的不断发展和高校招生规模的不断扩大,大学生就业难的问题日渐突出。大学生作为我国的高端人才,要想适应社会发展形势,赢得个人发展优势,就必须唤醒生涯意识,确立职业生涯与发展规划,尽早认清自我、发展自我和完善自我,才能在社会中找到属于自己的位置,为自身的幸福奠定坚实基础[1]。

第一,唤醒生涯意识是应对严峻就业形势的现实需要。据教育部统计,随着高校不断扩招,我国每年大学毕业生人数正在高速增长:2006年为413万人,2012年为680万人,2021年为909万人。从这些数据不难看出,大学生就业难已经成为一个社会问题,整体就业形势是不容乐观的。尽管就业形势严峻,但同一所学校的学生,有的很快且较为满意地找到了工作,而有的人却始终找不到适合自己的工作。造成这种差别的原因是什么呢?总体来看,大学生科学

---

[1] 郭冬娥,安身健.大学生职业规划与就业指导[M].武汉:武汉理工大学出版社,2012:87.

合理地规划自己的职业生涯与发展,往往对找工作发挥着至关重要的作用。也就是说,有的学生对职业生涯有着较为清晰的认识,并积极拟定了职业生涯规划。这样就能尽早确定自己的职业目标,选择职业发展的兴趣点。在职业目标的指引下,大学生能保持平常心态,按照自己的规划一步一步推进,从而较好地实现就业。

第二,唤醒生涯意识是找准职业目标定位的迫切需要。大学生正处于身心发展的特殊阶段,生理发育看似较为成熟,但心理还处于向成熟阶段迈进的过程。这就意味着,这个时期大学生的心理成长较为迅速,尤其是对事物的认知逐渐走向成熟,世界观、人生观、价值观逐渐确立,个人兴趣逐渐明确,自我价值的实现感也就越来越强。此刻,积极唤醒生涯意识,有助于大学生对自己未来想要从事的职业有着较为清晰的定位,从而不断激发学习和实践的内在动力,以更加饱满的状态进入学习生活,避免学习的盲目性和被动性。

第三,唤醒生涯意识是提升就业竞争力的个人需要。当前,求职竞争异常激烈。要想在激烈的职业竞争中谋得一席之地,就必须唤醒学生的生涯意识,引导学生拟定职业生涯规划。只有知己知彼,才能做好充分应对。反之,如果缺乏生涯意识,大学生就会在大学生活中显得碌碌无为、无所适从,结果是浪费了大把美好光阴,未能在职业竞争中占据优势。可见,唤醒学生的生涯意识,是为了能够在日后的就业竞争中脱颖而出,为择业求职奠定坚实基础。

2. 职业规划教育

唤醒大学生的生涯意识,是加强大学生思想政治教育的现实需要。开展职业规划教育,能够使大学生的生涯意识得以觉醒,从而有效开展实践活动。开展职业规划教育的途径,主要包括加强实践体验、开展专题讲座和运用网络平台。

一是加强实践体验。大学生亲身参与实践,能够深入社会,与现实社会近距离、深层次地接触,从而获得对职业规划的更多感悟。这无论是对激发大学生的学习热情,还是增强大学生的生涯感悟、明确自身的行动方向,都具有至关重要的作用。这是因为大学生通过切实的体验,能够直观地了解他们真正感兴趣的工作,也让他们了解到社会中真实的工作环境,加深对职业的理解,深化对事物的认识,从而有助于对职业规划的反思,促进生涯意识的觉醒。

二是开展专题讲座。开展职业生涯规划专题讲座,是唤醒大学生生涯意识的常用方法。对于刚进入大学的新生来讲,他们所选的专业往往是根据"哪个专业最好""哪个专业能录取我""哪个专业好找工作"等现实因素来确定的,较少考虑到职业发展。这势必导致学生在进入大学后,对未来从事何种职业较为迷惘。为此,高校有必要在大学新生中开展唤醒生涯意识的专题讲座,使他们能够认清自我,归纳自己的兴趣点、能力特点和职业倾向,从而定位自己的择业方向。

三是运用网络平台。现代网络技术发展非常迅速,网络社交平台的运用也非常普遍。各种成熟的网络职业测评软件,能够为学生提供很好的参考,帮助学生认识自我、分析自我,从而帮助学生找到自身兴趣所在,唤醒生涯意识。为此,高校不仅要充分利用盛行的网络平台,也要根据自身特色,研发网络辅导课程和网络自学软件,方便大学生根据需要开展探索。同时,高校要加大宣传力度,积极引导学生主动利用网络平台开展相关学习。

3. 发展职业兴趣

兴趣是最好的老师,一个人能够成功的秘诀就在于兴趣。兴趣是指一个人经常趋向于认识、掌握某种事物,力求参与某项活动,并且带有积极情绪色彩的心理倾向。兴趣是积极性的来源,它是认识事物的主观基础,也是人们对未知事物进行探索的动力所在。

马克思曾在《德意志意识形态》一文中明确指出:"而在共产主义社会里,任何人都没有特殊的活动范围,而是都可以在任何部门内发展,社会调节着生产,因而使我有可能随自己的兴趣今天干这事,明天干那事,上午打猎,下午捕鱼,傍晚从事畜牧,晚饭后从事批判,这样就不会使我老是一个猎人、渔夫、牧人或批判者。"[①]从马克思的话语中可发现,兴趣对工作具有重要的作用。人们

---

① 中共中央马克思恩格斯列宁斯大林著作编译局.马克思恩格斯文集:第1卷[M].北京:人民出版社,2009:537.

对某一工作感兴趣，便会主动从事这份工作，往往能够收到事半功倍的效果。因此，教师在引导大学生进行职业生涯规划时，要运用多种方式，使学生全面认识自己的职业兴趣，进而在学习和生活中朝着目标不断奋进，成就一番事业。

一是加强自我教育，找到职业兴趣点。自我教育作为学校德育的一种方法，要求教育者能够按照受教育者的身心发展阶段予以适当的指导，充分发挥他们的自觉性和积极性，使他们把教育者的要求变成自己努力的目标。专业学习是职业发展的条件和基础，职业发展是专业学习的目标和归宿。相较于高中阶段，大学的专业分得较为细致，也是个人学习的黄金时期，与个人将要从事何种职业和未来在职业中能够走多远密切相关。进入大学后，学习的知识主要是专业知识，不同的专业，今后的就业方向也不同。大学生应该参照自己的职业发展方向，在学习专业的过程中找到自己的职业兴趣点，进而找到专业方向和职业目标之间的差距，不断修正自身的职业目标，弥补学习中的不足，积极为自己的专业知识赋能充电。

二是学校组织社会实践活动，拓宽学生职业兴趣。大学阶段，学生不仅要成为专业知识理论的学习者，还要成为积极的践行者。随着大学毕业生人数的日益增加，用人单位在挑选人才时，不仅要求他们具备扎实的理论功底，还要看其实践能力。社会实践活动（包括社会调查、文化下乡、咨询援助、青年志愿者等）能够帮助学生全方位了解自己、了解社会、了解职业需求，在活动中找到自己的职业兴趣点，从而形成理性的职业生涯发展规划。从某种意义上讲，当今时代是理论与现实紧密结合的时代，实践应用型人才是社会需要的人才。因此，高校应组织大学生参加多样化的社会实践活动，使他们在实践中充分发掘自身的潜能，拓宽职业兴趣，为未来的求职竞争获得更广阔的空间。

三是利用相关测评工具，引导学生认识自己的职业兴趣。职业兴趣对于未来的职业选择、工作激情、工作满意度和成就感等具有重要作用，因此，教师要积极引导大学生发现自己的职业兴趣。具体来讲，教师可以让学生在课堂上回答相关问题，将他们的答案列成清单，再对清单进行整理、归纳和分析，从而找到学生的兴趣倾向。学校也可以安排相关的职业知识检验和职业兴趣测试,包括常用的《霍兰德职业兴趣测试》等,测量学生对职业的掌握情况,对比和评估他们的兴趣倾向,最后得出兴趣倾向和兴趣类型。

(三)探寻职业目标

职业生涯规划是大学生涯中较为重要的部分。毫无疑问,对于大学生而言,恰当的职业规划意味着成功职业生涯的开始,而错误的择业决策将对未来的职业生活产生消极影响。探寻职业目标的重要性由此可见一斑。

1. 点亮人生目标与职业目标

在不同的时期,个体所扮演的角色也在不断丰富和发展。职业目标是人生目标的一个重要方面,与个体的人生目标相契合。对于人生的认识和判断,由于人生观和价值观的不同,个体差异较为显著。

一般而言,人生主要包括个人生活、家庭生活、职业生活和社会生活,其中职业生活在人生中发挥着重要作用。它是物质生活的重要来源,但又不是人生的全部。职业不仅是谋生的手段,还是实现人生价值、追求理想生活的最佳途径。要实现人生的价值与目标,就必须获得高质量的职业生涯,两者是相互联系的。

在职业生涯中,个体通过自身的不断努力,充分借助并整合外界资源来丰富、提升自己,促进自己的职业生涯不断获得良性和高层次的发展,不断推动人生目标的实现。同时,随着人生目标的不断调整,职业目标也会做出相应的改变。在调整职业目标的过程中,人生目标也会受到一定影响。为此,教师在开展职业生涯教育的过程中,要通过课堂教育、课外交流等多样化的形式,引导学生制订恰当的职业目标,并将自身的职业目标融入人生目标,从而既促进职业目标的实现,也推动人生目标的达成。

2. 明确学业目标与专业积淀

在人一生的活动中,职业生涯最能体现和发挥出自身的价值。职业目标与学习目标密切联系,学习目标的实现有助于职业目标的实现。职业的发展建立在增长自身知识和才干的基础上,因此,必须提高大学生的个人能力和综合素质。

第一,大学专业学习有利于确定合理的职业目标。大学生选择职业发展方向时,既要考虑到当前国家的政策方针和形势任务,也要考虑到大学阶段所学的专业技能。之所以强调专业学习对未来职业选择的重要性,是因为专业学习能促进学生对某一职业的认识和了解。大学生的职业生涯规划教育,能够使学生在了解国家政策的基础上,建立自身对职业规划的认识,减少职业发展的盲目性,也能够使大学生较好地认识自我,避免急功近利。职业发展目标的合理确定,会进一步促进大学生的学习,激发学习动力。

第二,大学专业学习为职业发展提供了重要支撑。当前,知识更新换代越来越快,科技创新对发展经济的作用越来越重要。这既为个人的职业发展提供了重要机遇,也为个人的职业发展带来了严峻挑战。因此,大学生养成良好的学习习惯,提升自身的学习能力,对掌握职业发展必需的基本技能显得尤为必要。

第三,大学专业学习为职业发展提供了新的发展机会。大学是开展专业教育的学校,为学生进入专门领域的学习、从事生产科研和建设提供了全方位的准备,也为大学生顺利进入职场奠定了基础。大学生在学校专门就某个领域展开学习、研究,获取相关领域的知识和技能,综合运用所学的知识去解决实际问题,就能够顺利进入职场。大学不仅进行专业知识的教学,还会及时反映社会经济的发展和科学技术的进步,因此,高等教育为大学生进入职场提供了较高的起点。同时,大学里丰富多样的文化活动能够拓宽大学生的视野,促进个人与他人的交流,也为大学生平稳过渡到职场提供了锻炼和适应的平台。

3. 开展职业生涯路径规划

大学阶段是人一生中最为关键的阶段,因此,大学生必须对整个大学阶段有一个正确的认识和大致的规划。一般而言,大学的学制一般为四年,每一学年根据学习内容的不同,要求也会有所不同。这就要求教师要引导学生根据不同阶段的要求,制订自己的职业生涯规划,并依据各个阶段制订有针对性的实施方案[①]。

一是引导大学生制订大学期间的职业规划。大学期间的生活、学习、实践等都朝着一个共同的发展方向,即谋求一份好的职业。大学期间的职业规划,可以细分为学业规划、生活成长规划和社会实践活动规划。

大学生步入大学以后,主要的任务就是学习。大学期间的学习,除了要求掌握较为深厚的基础理论和专业知识外,还要求重视各项能力的培养。大学的专业知识学习,实际上已经为大多数学生未来的职业划定了范围。这就要求大学生扎实地学习专业知识,注重培养研究、分析和解决问题的能力。大学期间的学业规划可以根据不同时间阶段来拟定:大学一年级侧重于适应大学学习方式的转变,了解大学阶段学习方式和途径,阅读与职业生涯发展规划相关的书籍,初步了解所学专业的就业情况和考研状况;大学二年级主要集中于深入学好本专业知识,继续了解职业,探索职业方向,从而初步明确职业生涯的发展方向和目标;大学三年级应重点确立未来的职业目标,提高各项实践能力,不断提升学习能力和职业素养;大学四年级进行择业求职和学习深造,完成毕业论文,实现顺利毕业。

大学生的生活成长规划也是职业生涯规划的一个重要方面。在大学期间,要养成良好的生活习惯,保持健康的身体,培养积极向上的心态,广泛培养兴趣爱好,建立良好的人际关系。从这些方面出发拟定大学期间的生活成长规划,对于形成健康的生活方式具有重要影响。

大学期间,大学生还要积极主动地参与各项社会实践活动,这已成为共识。大学生实践能力的培养离不开实践活动。因此,大学生要认真制订大学期间的社会实践规划,不断提升自身的实践能力,这样才能在未来的职场中赢得优势。这就要求大学生要合理规划大学期间的校园社团实践活动和校外社会实践活动等。

---

① 黄士安.大学生职业生涯规划与就业指导[M].北京:高等教育出版社,2011:67.

二是制订入职后的职业生涯规划。职业生涯规划贯穿于一个人成长和发展的始终，与其生活紧密相关。引导大学生制订就读期间的职业生涯规划，是为了找到较为满意的工作；制订入职后的职业生涯规划，是为了能够快速适应工作、促进职业的发展与提升。从初入职场到退休，是一个漫长的职业生涯过程，可将其划分为不同的阶段，每个阶段都有不同的职业目标。换句话来说，从进入职场开始，就需要根据自身的状况，制订不同阶段的职业目标。每个阶段的目标既不能妄自菲薄，也不能好高骛远，它决定了职业发展中的行为和结果，有助于大学生更好地解决职业中遇到的困难和挑战。具体来讲，进入职场后的目标可分为短期、中期与长期三个阶段。

短期职业目标：对于刚刚进入职场的新人来讲，这个阶段应将自身的职业目标聚焦于找准职业定位，即明确自己最适合做什么。一般来讲，这个阶段将是一个试错的过程。如果觉得职业不合适就换职业，行业不合适就换行业。但是，我们不能漫无目的地频繁跳槽，而是要带着想要实现的目标来更换。如果自己认为这份工作就是想要从事的职业，就要以较快的速度去适应新的工作环境，更快地融入工作团队。

中期职业目标：在对职场中的一些基本内容有所了解并积累了丰富的经验以后，个体就能够对自己进行综合评价。根据自身的特长和优势，这个阶段应明晰进一步发展的方向和领域，是偏向管理还是偏向专业技术。只有明确了这一目标，个体才能在职场中有所突破，也才能为实现长期职业目标奠定基础。

长期职业目标：中期职业目标的制订和践行，是为了实现个体的长期职业目标。这个阶段，个体的经验和阅历较为丰富，但是因多种因素的影响，长期职业目标主要是沿着中期职业目标的既定方向稳步前行，一般不会有较大的变动。

二、职场践训体悟

面对日益严峻的就业形势,大学生想要在就业的过程中占有一定优势,不仅要加强理论学习,还要不断提升自身的实践能力,对职场环境要有一定的认识。职场环境体验作为正式迈入职场的前奏,是大学生提早接触社会,增强职业感悟,进而修正、完善自身职业目标的重要方式。

(一)职场环境体验

职场环境体验是了解职业环境,获得一手资料,把握职业环境信息最真实、最直接的途径,主要包括顶岗实习、挂职锻炼和考察见习。职场环境体验能够增强大学生对职场的感悟,形成对职业道德规范的认知,有助于大学生修正职业发展目标,更好地实现就业。

1. 开展顶岗实习

顶岗实习是指大学生在基本完成课程内容的学习之后,到专业较为对口的现场直接加入生产的过程,综合运用本专业所学的知识和技能,完成一定的生产任务,并进一步深化对职业的正确感知,养成正确的劳动态度的一种实践性教学形式。

从顶岗实习阶段开始,大学生将步入职业发展的重要阶段。职业发展的关键,在于有效整合专业知识和职业生涯技能,从而提升职场适应能力。大学生开始进入企业内部,亲身感受企业的工作流程、工作内容、工作标准以及环境氛围。参与实习能够让大学生对未来的职业目标有更为清晰的认识。这是因为很多大学生在制订目标时缺乏相关经验,对信息了解不足,因而在目标定位上出现了偏差。通过实践锻炼,大学生能够充分认识到自身的职业目标是否合理、是否科学,并对预期的目标做出相应的调整,使其更符合自身的发展实际。通过一定时间的顶岗实习,大学生还能够使自己在激烈的竞争中较快地适应职场的变化与需要。

总之,顶岗实习能够有效帮助大学生解决诸多不适应的问题,有利于大学生进一步弥补自身的不足,助推职业目标的实现。

2. 强化挂职锻炼

挂职锻炼是社会实践的一种重要形式,是提升学生社会阅历、提高社会责任感的有效方法。

挂职锻炼能增强学生的思想政治意识。大学生是较为活跃的群体,掌握了一定的基础理论知识,但是缺乏实践锻炼,对社会的了解也不足。挂职锻炼为学生深入社会实践提供了重要平台。挂职锻炼通过一系列鲜活的社会实践,让大学生以社会为课堂,将现实生活作为教科书,以人民群众为老师,去学习、去锻炼、去实践,从而提升自我认识。一方面,挂职锻炼能够让大学生体验到工作的艰辛与快乐,从而督促自己脚踏实地地学习和工作;另一方面,挂职锻炼有助于大学生增进对社会现实需求和国家大政方针的切实了解和把握,增强对社会和国家的责任感,进一步塑造正确的世界观、人生观和价值观。

挂职锻炼能增长学生的才干。挂职锻炼能够将大学生在学校中学到的专业知识运用到实践中来,进一步提升实践能力。一方面,挂职锻炼期间,大学生不可避免地要走访基层,联系干部群众,在这个过程中潜移默化地提升社会交往能力和语言表达能力,锻炼分析问题和解决问题的能力;另一方面,挂职单位一般处于社会一线,与人民群众有着广泛的交流,大学生能够深入基层,发现科学研究课题和基地,有针对性地解决科学研究领域的重难点问题,进一步提升理论联系实际的工作能力,包括观察力、动手能力和组织管理能力等。

当然,在开展挂职锻炼的过程中也应注意:应尽可能与学生所学专业相契合,这样更能充分发挥学生的专业优势和特长,在实践中巩固、深化自身的理论知识;要有目的、有计划地展开,精心计划、严密组织是提升挂职锻炼成效的重要因素,否则只会是有名无实,达不到最佳效果;既要讲究实践的成效,也不能忽视理论学习,要有效兼顾理论与实践。

3. 善用考察见习

考察见习是有目的地组织大学生进行社会考察活动,是进行思想政治教育的有效方法,更是青年大学生在社会实践中积极思考问题、提高分析问题和解决问题能力、进行自我教育的重要形式。

组织青年大学生进行考察见习,主要目的是使青年提高对基本国情和基本国策的理解,坚定走中国特色社会主义道路的信心;从中受到爱国、爱党的教育,激发青年的社会责任感和历史使命感,积极投身到社会主义建设实践中来;帮助青年树立正确的世界观、人生观和价值观,在活动中找寻有关自身的答案。组织大学生进行考察见习应充分考虑青年的实际状况,有针对性地开展,例如到乡村基层进行考察,到工厂、社区进行参观等。

考察见习不能任意为之,要根据青年大学生具体的思想状况,选定考察见习的目的地,选择恰当的主题,与就业择业紧密结合,将启发自觉与自我教育相结合。

(二)塑造职业道德规范

通过实习中的切身体悟,大学生能够逐渐形成对职业道德规范的真切认知,内化为自身的职业道德规范并积极践行。

1. 认识职业道德规范

通过实践锻炼,大学生能够形成对职业道德规范的认知,主要包括爱岗敬业、诚实守信、办事公道、服务群众、奉献社会等。

爱岗敬业是社会主义职业道德最基本、最起码、最普通的要求,也是对人们工作态度的一种普遍要求。爱岗主要是热爱自己的工作岗位,热爱自身的本职工作,有强烈的事业心和责任感;敬业,是指用认真的态度对待自己的工作,认真履行自身的职责,注重提升工作质量和工作效率,能够按时完成规定的任务。通过顶岗实习、挂职锻炼和考察见习,大学生能够形成对爱岗敬业这一职业道德规范的深刻认知。

诚实守信是做人的基本准则,也是社会道德和职业道德的基本规范。说老实话、办老实事、做老实人,守承诺、讲信誉、重信用,是一个人安身立命的根本所在。在实践过程中,大学生能够通过亲身经历,切实感知诚实守信对企业或个人的重要意义,并将这一职业道德规范融入头脑,融入自身的实践。

办事公道作为对人和对事的一种积极态度,要求人们在待人处世上秉持公平公正的态度,这是千百年来为人们所称赞的职业道德。在实习实践的过程中,大学生能够看到单位的同事在待人处世上选用的方法策略及其影响,这将潜移默化地影响大学生对这一职业道德规范的认识。

服务群众是从业者应当秉持的职业态度。从业者通过服务人民群众,促进社会发展、实现共同富裕。全心全意为人民服务是职业道德的一项基本内容,贯穿于整个职业道德。在实习过程中,大学生能够提升对全心全意为人民服务的认识和理解,并融入具体实践。

奉献社会强调个人要为社会做贡献,在实现自我价值的过程中,进一步实现社会价值。奉献社会这一职业道德规范始终融合在爱岗敬业、诚实守信、办事公道和服务社会等各种要求当中。奉献社会与个人的正当利益并不冲突,是辩证统一的关系。个人在奉献社会中实现自我价值,在实现自我价值的过程中又进一步奉献社会。

2. 践行职业道德规范

除了通常的社会规范外,每个行业也有其特定的职业道德规范。大学生在教育岗位上实习或见习,应当认识到教师在师德师风建设上的规范;在国家公务员系统实习或见习,应当认识到公务员廉洁从政的职业道德规范;等等。因此,教师要引导大学生立足实践岗位,认识到该岗位特定的职业道德规范。大学生从实践中获得对职业道德规范的认识,这种认识又必须落实到实践当中,才能真正起作用。

一是开展实践座谈会,拟定未来工作计划。凡事预则立,不预则废。在工作中拟定相应的计划,积极做好准备,是确保高效完成任务的重要前提。一般而言,工作计划能够帮助从业者明晰一段时间内的工作安排,发挥着规划和提醒的作用;同时,工作计划能够让人避免因信息太多而产生的思维混乱,有效提升工作效率。因此,教师要组织大学生开展关于职业道德认知的座谈会,拟定未来的工作计划,有效地把职业道德规范落实到职业实践中。

二是向实践单位询问大学生实践工作的状况。通过咨询情况,教师能够把握学生在职场中的总体表现,包括工作任务完成状况、待人处世的方式方法等。从完成任务的质量和效率,可看出大学生的能力与素质。因此,教师在询问学生实践状况以后,应引导学生认识到自身的不足,积极践行职业道德规范。

(三)修正职业目标

经历了职场实践后,大学生对职场有了更深的感悟和体会,不仅加深了对职业道德规范的认识,而且能够进一步修正职业目标。

1. 职业目标的变化性

职业目标并不是一成不变的,应随着自身实践的丰富和国家政策的变化做出相应的调整,以更好地实现就业。通过参与实践锻炼,大学生深化了对职场环境、内容、标准等方面的认知,能够更加理性地调整自身的职业目标。在实习环节,大学生熟悉了单位的整个运转流程,初步了解了部门设置和工作安排,建立了基本的信息来源渠道,可以对自己将来是否从事这一职业做出预判。教师应着眼于国家宏观发展环境和政策导向,积极引导大学生根据自身的专业特长和兴趣爱好,以及在实践过程中获得的切身感悟,对自己的职业目标重新进行评估,在此基础上做出相应调整,以便找到较为满意的工作。

2. 职业认知的发展性

随着职业的不断变化发展,大学生的职业认知也在不断变化,主要表现为职业认知观念的发展性和职业规划方案的多样性。

一是职业认知观念的发展性。以前,大学生择业就业注重专业对口,一般是根据自己所学的专业制订相应的职业规划。随着就业形势的发展变化,一些学生在就业时难以找到专业对口的工作,不得不选择进入其他行业。这种状况往往是一种被迫选择,容易造成就职后工作情绪不高,甚至消极懈怠。开设社会实践课程,安排大学生积极到基层、到一线进行实践,将在学校所学知识运用到具体实践当中,能够让大学生更清楚地了解社会现实状况,进而转变就业观念。如今,很多大学生不再将未来的职业目标仅仅圈定在所学专业上,而是将专业知识与自己的兴趣相结合,更广泛地设定职业发展目标。

二是职业规划方案的多样性。很多大学生在制订职业生涯规划时,方案往往较为单一。例如,师范专业大学生的职业目标就是做一名教师,站在三尺讲台上教书育人。在入学时,他们的职业规划方案也是按照成为一名教师的要求来制订的。但是,对于职业认知水平较高的人来讲,他们不会将目标放在一个地方,而是对未来形势进行预测,拟定多个职业方案,从而做好多方面的准备,确保在未来的职业竞争中占据有利地位。

3. 职业目标的评估与调整

大学生通过实习实训,会改变对职业的原有认知,并进一步修正自己的职业目标。

一是根据专业特长和实际状况评估自身就业能力。就业能力是指个人通过全面系统的学习和训练,具备获得工作和胜任工作的能力[①]。大学毕业生要想提高自身的就业能力,成为单位争相抢夺的对象,就要从自身修炼入手,不断提升专业知识技能、可迁移技能、自我管理技能等,从而有效地提升自我。专业知识技能是指从事某一职业的专门能力,是需要通过教育或者培训才能获得的特别的知识和能力,主要包括个人在大学期间所学习的科目和所获取的知识。在大学生求职的过程中,招聘单位最为关注的就是求职者是否具备胜任某一岗位的能力。通常情况下,只有具备扎实的专业理论功底,才能在面试中脱颖而出。通过投身实践,大学生能够准确认识到自身的专业功底,以便根据专业知识水平合理调整职业目标。可迁移技能是指能够从一份工作转移运用到另一份工作中的能力,是较为通行的能力,主要包括表达和沟通能力、组织管理能力、问题解决能力和自我提升能力。通过社会实践,大学生能够对这几种能力有较为清晰的认识,从而进一步调整自身的职业目标。自我管理

---

① 张华荣.大学生就业力提升与职业发展[M].大连:大连理工大学出版社,2020:3.

能力是指受教育者充分发挥自身的主观能动性,有意识、有目的地对自己的思想、行为进行控制和转化的能力。拥有较强自我管理能力的人,能够减少对个人发展不利的行为。因此,教师要积极引导大学生根据自己的专业特长和兴趣爱好,合理评估自己的就业能力,找到适合的职业。

二是根据行业需求调整职业目标。行业需求一般指某行业对资源(人、财、物)的需求状况。行业需求如果持续增长,就有利于实现职业目标;如果处于低迷状态,就需要对职业目标做出调整。因此,在大学生经历实践感知和体悟之后,教师要有效引导他们根据目标行业的发展态势和整个市场需求的变化,恰当调整自身的职业目标,实现顺利就业。

三是根据国家的发展形势和政策导向调整职业目标。大学生就业与国家的经济发展状况、政策导向紧密相关。大学生在求职择业过程中,选择国家支持和鼓励发展的行业,就能够顺势而为,找到与自身专业相契合的工作。如果国家经济不景气,对某些行业进行削减,就会影响到大学生预先设定的职业目标。这就要求大学生对职业目标做出相应的调整。例如,在"双减"政策的影响下,整个教培行业都受到了严重影响,导致一些教培机构大量裁员。面对这一状况,之前有意愿去教培行业就业的大学生就不得不另择他路。又如,由于疫情的严重影响,餐饮业和旅游业严重受挫,这也将影响到一部分大学生的就业选择。

三、求职择业引流

在引导大学生求职择业的过程中,教师重点要对学生"找什么、怎么找"进行引导,主要包括引导求职准备、激发求职动力、引领基层就业和创新创业、了解求职择业帮扶政策等。

(一)引导求职准备

要想在激烈的职场竞争中占据有利地位,教师就要注重引导大学生在求职前做好相关准备,争取找到较为满意的工作。

1. 把握就业形势

当前,高等教育普及率日益提高,逐渐进入大众化阶段,就业形势由此发生了明显的变化。教师要引导大学生对就业形势进行分析和把握。

一是展示用人单位的相关要求。在当前大学毕业生人数快速增长的状况下,就业竞争也日趋激烈,招聘单位对大学毕业生的要求也越来越高。招聘单位不仅将眼光瞄准名校和高学历的毕业生,还看重综合素质;不仅对毕业生的简历、面试和笔试情况进行考察,还较为看重在校期间的表现;不仅看重学生的学业成绩,还要求学生拥有较强的事业心和团队合作精神;等等。简言之,用人单位更加看重学生的综合素质和综合能力,更青睐具有创新意识的复合型、外向型、开拓型人才。越来越多的用人单位不再局限于校园招聘,还与学校对接,经常与学校保持联系,从而找到他们较为满意的人选。因此,教师要充分讲清楚招聘单位的相关要求,便于学生提前做好求职择业的准备。

二是分析国家宏观政策。职业目标不仅会随着主观认知的变化而变化,还应根据国家政策导向和行业发展状况做出恰当调整。因此,教师引导大学生制订职业生涯规划时,既要着眼于国家宏观发展环境,关注国家政策导向,也要积极关注目标行业的整体运营状况,做到知己知彼,才能用好时间和精力,找到较为满意的工作。

三是把握毕业生的就业观念。当前,大学生就业途径主要是自主择业,这就要求大学生提前做好准备,主动出击。在全面提高自身素质和综合能力的基础上,大学生要通过多种渠道联系用人单位,不断推销自己。大学生不能只考虑事业单位、国企,中小企业也应成为考虑的对象。近年来,毕业生到民营企业就业的人数越来越多,灵活就业的毕业生人数也明显增多。这充分说明,大学生的就业观念已经呈现出多元、理性的趋势。针对较为严峻的就业形势,有的毕业生采用"先就业,后择业"的策略;有的选择暂时待业,通过复习和考试,获得进一步深造的机会。因此,教师要引导大学生把握当前的就业观念,认清当前的就业形势。

2. 熟悉就业政策

为推动大学生顺利就业，找到相对满意的工作，党和政府不断为大学生就业提供政策保障。为此，教师不仅要向学生讲清楚当前的就业形势，还要及时介绍相关的毕业生就业政策，使大学生能够顺应国家发展形势，积极就业。目前，我国实行的是"市场导向、政府调控、学校推荐、毕业生和用人单位双向选择"的就业制度，主要有就业准入政策、招考录用政策、权益维护政策、创业扶持政策、社会保障政策等。就业准入政策包括地区准入政策和职业准入政策。地区准入是指一些地区通过制定相关的进入政策，明确该地区的用人指标。职业准入是指从事某些职业的劳动者，应通过相关培训取得相应的职业资格证书，才能上岗就业。招考录用政策是选拔毕业生的相关招考要求和规定，是国家在大学毕业生录用问题上所制定的一系列限制性原则和措施。教师要向大学毕业生讲清楚国家公务员招考的相关制度、企事业单位录用大学生的系列规范等。权益维护政策是在就业的过程中维护就业者和就业单位权益的一系列原则和规范。对于就业者本人来讲，主要是维护其平等的就业权；对于用人单位来讲，主要是保护用人单位的一系列权益。创业扶持政策，是劳动政策体系中最直接、最积极的政策，也是现阶段效果较为明显、作用比较持久的政策。随着大学生就业观念的变化，自主创业也成为新的就业途径。国家为鼓励大学生创业，积极出台了较多的创业优惠扶持政策，以帮助大学生更好地创业。教师要向学生讲清楚这些扶持政策，使有意愿创业的大学生能够创业、敢于创业。社会保障政策主要针对一些困难群体大学生，国家在政策保障上给予相应扶持，以帮助有困难的大学生实现就业。教师在引导学生就业求职的过程中，要向学生讲清楚国家制定和颁布的这些就业政策。

一是开展就业政策培训，使大学生熟悉就业政策。对就业政策熟悉与否，与求职择业是否顺利有着密切联系。为切实让学生熟悉相关就业政策，在大学生求职择业之前，教师应开展相关就业政策的培训，向学生广泛宣传和解读现阶段国家制定的就业政策，引导学生了解政策、熟悉政策、利用政策，从而找到较为满意的工作。

二是制作就业政策宣传册,供同学们随时查阅。由于就业政策相对较多,虽然就业培训能够使学生熟悉一些就业政策,但不能实现随时了解,在全面介绍等方面也存在一定不足。因此,教师可以收集政策资料,装订成册发放给学生,方便学生随时查阅,助推学生顺利求职择业。

三是运用网络传播平台宣传就业政策。目前,网络已经成为人们生活的一个重要部分,无时不网、无地不网、无人不网已经成为一种生活常态。因此,为使学生熟悉就业政策,教师不仅需要运用线下的方式进行宣传,而且要借助网络的力量,通过网络平台对相关就业政策进行问答,便于学生了解政策。

3. 明确岗位需求

招聘单位根据自身的发展需要招聘相关专业的大学生。大学生在求职择业的过程中,要在明确岗位需求的基础上投递简历,以最大程度减少时间和精力的浪费。教师在引导大学生求职择业的过程中,要提醒他们积极关注相关招聘信息,对岗位需求做到心中有数,减少求职择业过程中的盲目性。

一是通过校园招聘信息了解目标岗位的需求。校园招聘信息是大学生求职的重要信息来源。企事业单位、专业人才招聘机构都会到高校举办招聘活动,通常情况下,招聘单位会将本单位的招聘岗位、招聘人数以及相关条件逐一进行介绍和说明。大学生要重点关注这些信息,提升求职择业的效率和命中率,减少徒劳的奔波。

二是通过各种网络平台了解各单位的岗位需求。网络已经成为大学生学习和生活不可或缺的重要工具。网络招聘因传播范围广、查询便捷、速度快、信息量大、成本较低,深受大学生的喜爱。企业在网上发布相关招聘信息,学生可根据自身的专业特长和兴趣爱好进行选择。需要注意的是,网络信息良莠不齐,要注意甄别虚假信息,通过电话咨询岗位的准确需求,切勿掉进网络招聘陷阱。

4. 提升求职技能

大学毕业生在求职的过程中,除了要具备扎实的理论功底和丰富的实践经验外,也要注重提升自身的求职技能,主要包括提升专业能力、制订合适的择业方案、掌握必备的笔试和面试技巧和求职礼仪等[①]。教师应从以下方面帮助大学生提升求职技能:

一是开展专业知识辅导,提升岗位胜任力。专业能力直接关系到岗位的胜任能力,也是招聘单位看重的个人能力,因而夯实专业基础、增强专业能力就显得尤为重要。提升求职竞争力,不仅需要大学生进行扎实的学习,为求职就业奠定坚实的专业基础,还需要在求职择业前开展专业知识辅导,让大学生熟悉不同岗位所需要的不同专业知识,提高求职竞争力。

二是提供多样化的信息收集平台,制订周密而翔实的择业方案。制订择业方案,包括确定职业目标、收集择业信息、选择择业途径等。对于面临求职就业的大学毕业生来讲,能否制订合理的择业方案,直接关系到他们的求职过程是否顺利,甚至关系到他们未来的人生走向。大学毕业生要在求职过程中不断调整和优化择业方案,从而实现职业目标。为此,教师要提供多样化的信息收集平台,引导学生根据自身的情况制订相应的择业方案。

三是开展职业技能培训,提高求职竞争力。在求职的过程中,大学生需要对笔试与面试的技巧、求职礼仪有一定的把握。笔试和面试作为常用的考核办法,主要对毕业生的专业素质、工作能力进行测试。笔试是对基础知识和专业技能的测试,主要包括知识考核、智力测试、技能测试、心理测试以及综合能力测试等方面。面试主要是回答面试者提出的一系列问题,形式包括个人面试与集体面试、一次性面试与分阶段面试、常规面试与情景面试等。求职者的仪表仪容会给招聘者留下第一印象,将影响招聘者的最终判断。因此,教师要开展求职技能培训,向学生说明面试和笔试中的技巧,指导学生注重复习基础知识,增强自身信心,提前熟悉考场,消除应试时的紧张情绪。答题时要遵循先易后难的原则,科学答题。在面试环节,大学生要提前了解招聘单位的性质和经营理念,在面试时表现出积极的态度,呈现出落落大方的姿态,专心倾听面试官的提问,并提前准备面试过程中可能涉及的问题。在面试时,仪容仪表

---

① 王革,刘伟.大学生职业生涯规划[M].咸阳:西北农林科技大学出版社,2008:189.

应整洁端庄。具体而言,仪容要整洁,显得精神、干练;发型要端庄、文雅、自然;着装应简单大方,颜色要具有亲和力,款式要落落大方。

(二)激发求职动力

近几年,大学毕业生"慢就业"现象愈发普遍,甚至演变为"懒就业""不就业",一定程度上造成了教育资源、人力资源的浪费,与国家就业优先战略相悖。因此,教师要充分激发毕业生的求职动力,促进毕业生充分就业和高质量就业,这对于解决"慢就业"等问题具有重要的作用。

1. 触发求职就业原动力

要解决"慢就业""懒就业"等现象,教师就要充分激发大学毕业生求职就业的原动力,主要包括满足基本生存、适应社会交往、赢得社会尊重和实现自我价值等方面。

一是引导大学生认识到就业是满足基本生存的需要。离开学校和父母进入社会后,大学生首先要解决的问题是如何让自己生存下来。生存需要在马斯洛需求层次理论中属于低级需要,得不到满足时,将直接威胁到个体的生命,更谈不上高层次的需要了。可见,满足基本的生存需要是实现其他需要的前提和基础。大学生从学校毕业以后,如果不就业,就没有经济来源,无法实现自身的发展。教师要向大学生充分说明,人首先是为了自身的生存需要进行求职择业。为了保障自身的生存,大学生应在毕业之际找到一份工作,这是维持生计的必要措施。

二是引导大学生认识到求职择业是社会交往、赢得社会尊重和实现自我价值的需要。人类自产生起,便有了交往活动。马克思认为,人是社会的人,社会交往是人存在的基本方式。教师要向大学生说明求职择业对于促进人的社会交往的重要性,使其深知人的生存和发展离不开社会交往。大学生毕业以后,如果没有就业,与外界的联系将会变少,对社会的感知能力也会变差,进而影响个体的心理健康和对未来对社会的总体判断。教师可以通过具有代表性的案例分析,向大学生说明求职择业对于促进个人的社会交往、赢得社会尊重具有重要作用。

2. 提升求职就业行动力

教师在激发大学生求职就业原动力的基础上,要进一步将它转化为实际行动,推动大学生充分就业。

一是定期抽检就业知识准备状况和就业能力准备状况。大学生在校期间,通过专业课程学习形成了具有一定层次和深度的知识体系。现代社会的职业岗位,需要的是知识结构合理、适应职业具体要求和社会发展要求的复合型人才。因此,大学生要做好专业知识的准备,形成对所学专业的整体性把握,并能将所学的知识运用到具体实践当中,不断更新自身的知识结构。除了必备的知识结构外,招聘单位还要对求职者的能力素质结构进行考察,即适应岗位需要的创造能力、社交能力、实际操作能力以及组织管理能力等。这些能力同知识结构一样,在求职中具有重要的作用。教师要定期进行抽检,促进大学生做好知识准备和能力准备,以外在的约束力推动大学生提升就业行动力。

二是规定求职择业"打卡"要求。"打卡"是一种考勤方式,其目的在于提高个人的行动力和执行力,养成良好的习惯,也是一种外在监督方式。有了外在的监督,能够提升自身的行动力,减少在这个过程中的懒惰行为。教师在积极触发学生求职就业原动力的基础上,应有效引导大学生将自身的内在动力转化为积极的行动,而通过打卡的方式无疑能够起到外在监督和督促的作用,从而提升大学生求职就业的行动力。

3. 增强求职就业抗挫力

抗挫力是个体在遇到挫折的时候,经得起打击和压力,有战胜困难从而使自身避免心理与行为失常的一种耐受能力,包括个体适应、抵抗和应对挫折的能力。由于大学毕业生人数逐年攀升,就业形势较为严峻,一些大学生在求职择业的过程中接连受挫,影响了继续求职的动力。因此,教师要引导大学生在求职择业的过程中,树立良好的就业心态,增强求职择业的抗挫能力[1]。

一是推荐相关心理辅导读本,引导大学生积极做好求职的心理准备。在严峻的就业形势下,社会对大学生的综合素质提出了更高的要求,尤其是心理

---

[1] 王丽娟.大学生职业生涯规划与发展[M].南京:南京大学出版社,2011:156.

素质。一些毕业生因缺乏抗挫能力,在求职择业的过程中出现了各种心理问题,有的甚至产生了较为严重的就业心理障碍。教师可以推荐一些心理学方面的书籍,引导大学生在求职择业的过程中做好心理准备,避免陷入心理误区,比如攀比、从众、犹豫、患得患失、怯于竞争、听天由命等。教师要引导大学生养成积极的心态,对就业保持关注,大胆选择。

二是开展有针对性的心理咨询,引导学生做好心理调适。心理调适是个体根据自身发展和环境的需要,对自己的心理进行调节和控制,从而最大限度地发挥个人潜能,维持心理平衡,消除心理上的困扰。要增强大学生的抗挫力,就要对他们在求职过程中出现的焦虑心理、急躁心理、消极心理、自卑心理、恐惧心理等进行有效干预和调适。教师要组织开展相应的心理咨询,对学生进行心理疏导,缓解就业过程中面临的各种压力。教师可以引导学生通过自我干预的身心放松法、自我暗示法和合理宣泄法等,以及外在干预的方法引导大学生进行心理调适。

(三)引领基层就业和创新创业

高校不仅要开设职业生涯教育课程,而且要将思想政治教育融入整个就业工作,培养大学生的爱国情怀,引导他们与祖国需要同向同行;要将正确、积极的就业观和职业生涯规划教育融入思政课和专业课,引导大学生将个人发展同国家发展、区域发展有机结合,激发大学生服务乡村振兴和中西部发展战略的热情,积极投身于基层单位,更好地实现自己的人生价值。

1.服务国家发展

高校要积极引导大学生将自身的职业目标与国家的发展相统一,积极服务于国家战略的需要,到国家重点项目、重点领域就业。

一是引导毕业生到重点领域和重点行业就业。高校要围绕国家经济社会发展的现实需要,主动对接国家战略需求,积极支持重大项目的研发攻关,向重点地区、重大工程和重点项目输送高质量的毕业生。当前,国家大力推进京津冀协同发展、长江经济带、成渝地区双城经济圈建设等重大战略决策,大学毕业生要积极投身于国家建设需要的地方,为振兴中华贡献自己的力量。

二是促进毕业生到新兴领域就业。当前,创新已经成为社会发展的第一动力。建设科技强国、航天强国、网络强国、交通强国等,都需要创新力量的积极支撑,因此,大学毕业生要积极响应国家号召,在高新技术产业、战略性新兴产业、先进制造业和现代服务业等领域就业创业,服务于国家发展的需要。

2. 顺应社会需要

社会需要是社会发展对某类人才的需求,是大学生择业的前提。从某种程度上讲,大学生就业要根据社会提供的岗位来确定。社会有各种岗位的需要,大学生才能实现成功就业。如果社会不提供岗位,就谈不上就业择业。因此,大学生在求职择业的过程中,要积极关注社会发展的需要,顺势而为,才能找到相对满意的工作。

顺应社会需要有利于实现资源的优化配置。当前就业形势十分严峻,大学生就业问题日益成为社会关注的焦点。在这种情况下,个人需要和社会需要必须统一。若仅仅考虑自身的发展需要,就容易失去求职择业的机会,还会造成一些岗位的空缺,不利于实现社会资源的优化配置。

顺应社会需要有利于实现人生价值。大学生要把自己的职业需求和社会需要紧密结合起来,跟着时代的大潮阔步往前走,尽自己之力,做好自己的事情。只有把个人需要融入社会发展的实践当中,顺应时代浪潮,才不会被社会淘汰。

教师要积极引导大学生顺应社会发展的需要,进行求职择业。一方面,可以邀请相关领域的专家讲解当前社会需求。专家对其所在的领域非常了解,因而容易使人产生信任感。通过专家对国家宏观形势和社会需求的分析,学生能够在内心建立起社会需求的总体图谱,激发自身的内在动力,积极顺应社会发展需求进行求职就业。另一方面,可以根据相关统计数据说明当前社会需求。教师通过对当前不同行业的社会需求进行统计,以一系列直观的数据进行展示,能够使学生明确当前社会需求主要集中在哪些领域,哪些领域存在空缺,哪些领域已经过剩。这样学生不仅更容易接受,还能够留下较为深刻的印象,有利于引导学生积极顺应社会发展需求,调整择业行为。

3. 扎根基层人民

目前,一部分大学生由于在城市没能找到理想工作,被迫选择到基层就业,导致工作动力不足,融入不了,干不好,离职的比较多。高校要引导大学生树立正确的就业观,科学规划职业方向,积极投身于社会主义新农村建设和基层社区建设。

大学生要转变就业观念,明确投身到基层具有十分重要的意义。一方面,有利于锤炼意志。大学生到基层就业,对于感受农村生活、磨炼自身意志具有重要作用。只有历经了磨炼,才能真正理解百姓的疾苦,才能真正做到全心全意为人民服务,同时,也能使自己的心理变得更加成熟,担负起更多责任。另一方面,有利于改善人民群众的生活,推动人民致富。在基层一线工作,大学生能够了解人民所想所思,知道人民的真实需要,并利用自己所学的专业知识,解决群众面临的现实问题,带动群众勤劳致富。具体而言,教师可以采取以下措施:

一是讲解国家优惠政策,引导和鼓励高校毕业生到基层就业。2005年以来,国家在户籍迁移、偿还助学贷款、工资待遇、考录公务员、报考研究生等方面出台了许多优惠政策,其目的就在于引导和鼓励高校毕业生到基层就业。《国务院办公厅关于做好2014年全国普通高等学校毕业生就业创业工作的通知》就已明确了引导和鼓励高校毕业生到基层就业的相关政策,包括教育、劳动就业、社会保障、住房保障等,继续统筹实施好"三支一扶"等措施,鼓励高校毕业生到基层工作。教师要对国家优惠政策进行讲解,以吸引大学生到基层就业。

二是运用榜样的力量,引导和鼓励高校毕业生到基层就业。虽然身处和平年代,没有硝烟战火,但依然有许多优秀人物以他们的先进事迹,为我们树立了榜样。一些优秀人物常年扎根基层,深入一线工作,例如我们熟知的焦裕禄、孔繁森、黄文秀、刘德建等。榜样的力量是无穷的,教师应通过宣传扎根基层的优秀人物的先进事迹,引导大学生勇于扎根基层、愿意扎根基层。

4. 激活创新创业

创业,从广义上理解,是指创造一番事业;从狭义上理解,是指创建一个新企业。近年来,"大众创业,万众创新"已经成为我国经济发展的新引擎。由于创新精神贯穿于高等学校的课堂内外,逐渐培养了大学生的创新意识、创造精神和创业能力,使一些大学毕业生能够大胆走向社会、敢于自主创业,这也是教师在引导大学生择业的过程中,实现大学生成功就业的一种方式和途径[①]。

一是培养独立创业的精神。树立创新创业精神,是大学生开展创新创业活动的思想基础。培养具有创业精神的人才,需要进行各方面能力和素质的培养,包括文化知识、专业知识以及多学科的视野。高等学校实施素质教育,主要目的是培养创新人才,为经济社会发展服务,但目前对大学生创新能力的培养还是其中较为薄弱的环节。教师在引导大学生求职择业的过程中,要充分尊重大学生的个性,让他们学会自主学习、独立思考,培养探索精神和创新思维。当然,创新精神并不是在短时间内就能够形成的,而要贯穿大学的整个学习过程。

二是培养创业的基本技能。掌握必备的创业技能,是激发大学生自主创业的一个重要因素。大学生有较为强烈的学习意愿和较强的学习能力,为创新能力的培养奠定了基础。但是,学习能力不一定能转化为创新。教师在培养大学生的创新意识时,要引导和鼓励一部分有能力的大学毕业生踏上创业之路,加强市场知识的学习和营销能力的训练,注重实践操练,提升对行业知识和市场意识的把握能力。

三是培养克服障碍的自信。全社会都在鼓励大学生创业,但创业的过程并不是一帆风顺的,可能要面临重重障碍。大学生能够基于对风险的认识和对自己创业能力的判断而产生自信,是选择创业的关键因素。因此,教师要引导大学生在创新创业的过程中运用自我心理调适,有效消除心理困惑,养成坚忍不拔的意志和艰苦奋斗的精神,提高承受和应对挫折的能力。

---

① 李家华,郑旭红,张志宏.创业有道:大学生创业指导[M].北京:高等教育出版社,2011:198.

(四)了解求职择业帮扶政策

要切实做好大学毕业生的就业工作,尤其是帮助特殊群体实现能就业、好就业,需要开展有针对性的求职择业帮扶,主要包括经济帮扶、就业渠道支持和实施就业援助,从而更好地体现"就业暖人心"。

1. 经济帮扶

经济困难是贫困大学生就业面临的基础性问题,解决好这个问题具有重要的现实意义。一方面,高校要通过完善奖贷助勤等制度,同时动员社会各界的力量,解决贫困大学生求职择业过程中的经济紧张等问题。另一方面,高校要加强与用人单位的沟通衔接,寻找贫困大学生资助与就业相结合的新方式、新途径,从而实现学校、用人单位与贫困大学生三方共赢。还可以根据属地具体情况,为符合条件的贫困大学生发放求职创业补贴。

2. 就业渠道扶持

逐步完善高校毕业生就业市场,打造多样化平台,积极拓宽就业渠道,对帮助有困难的大学生实现充分就业具有重要作用。高校不仅要着力于线下的就业渠道,而且要积极开发以就业信息网络为核心的无形市场,建立信息收集、处理、发布等系统,使贫困大学生在校内就能完成信息查询、简历投递和网上竞聘等程序,解决贫困大学生由于信息不畅、就业费用过高而带来的问题。

3. 实施就业援助

实施就业援助是帮助贫困大学生成功就业的重要方式。一是要设立招聘的专项计划,主要针对贫困大学生采用单独录取的方式进行。二是要开展专项招聘,为贫困大学生提供相应的就业岗位,推送相关的就业信息,开展专场招聘会。三是要精准实施就业帮扶,要把有劳动能力和就业意愿的脱贫家庭、低保家庭、零就业家庭高校毕业生,以及残疾高校毕业生和长期失业高校毕业生作为就业援助的重点对象,提供"一人一档""一人一策"精准服务,为每人提供3—5个有针对性的岗位信息,优先安排其进行职业培训和见习,千方百计促进其就业创业。各高校应建立相关的责任台账,精准实施"一人一策"的帮扶,有针对性地开展就业指导和服务。

四、职前调适疏导

大学生由校园向社会过渡,既有对职业的向往与期待,也有对职业的忐忑与畏惧。面对即将开启的职业生涯,如何更好地适应工作,尽早实现由学生角色向职业角色的转变,是毕业生亟待解决的重要问题,也是对大学生进行职前调适疏导的重要内容。高校要从强化职前培训、进行心理疏导、增强就业信心等方面对大学生进行调适与疏导。

(一)强化职前培训

在大学毕业生正式迈入职场之前,相关部门应牵头对他们进行语言、文化、基层工作实务等岗前培训,完善他们的知识结构,提高职业技能和素质,增强入职时的信心。

1. 行业知识学习

对于即将步入职场的大学生来说,学习相关的行业知识,把行业知识变为自己的能力,提高自身的专业实践能力,是需要快速完成的职前准备。

一是形成完善的知识储备。即将进入职场的毕业生通过相关培训,能够发现自身所学的不足,形成完善的知识储备。现代社会的职业岗位要求毕业生能够根据职业的具体要求,对自己所学的各类知识进行恰当的整合,以适应现代社会发展的需要。形成完善的行业知识储备并非易事,职前培训能够弥补毕业生对行业知识掌握不到位的缺陷。

二是发展适应岗位的专业特长。行业知识的掌握情况历来为招聘单位所看重,不仅是选人用人的重要依据,也是职业发展走向的重要参考。只有具备扎实的专业知识,方能在实际工作中做到得心应手,也才能运用所学知识进行拓创新。除了具备扎实的专业知识以外,还要尽可能掌握相关学科领域的知识,以此拓展行业知识视野,进而在职场的激烈竞争中赢得主动,取得先发优势。当今社会知识更新换代非常迅速,如果不保持学习的状态,就会陷入职业瓶颈期或衰竭期。因此,在对即将进入职场的毕业生进行培训时,要引导他们形成专业特长,树立不断学习进取的意识,努力实现自我价值。

2. 职业技能锻造

职业技能主要包括专业技能、办公技能、人际关系技能等。高校在对毕业生进行职前培训的过程中,要注重提升他们的职业技能。

一是专业技能。专业技能是指胜任某一岗位工作必须掌握的特定技能。它对于职场竞争的重要性不言而喻。当今社会,各行各业的竞争都非常激烈,没有专业技能就很难在职场中立足。专业技能可以帮助大学生更好地理解自己所学的专业领域,走上工作岗位后更好地完成工作任务。在职业生涯中,专业技能也是衡量个人能力和价值的重要标准。

二是办公技能。办公技能是一项通用技能,是在工作环境中,为了完成工作任务而需要掌握的一系列技能。这些技能不仅可以帮助大学生更有效地完成工作,还可以提高工作效率,提升职业技能。在信息化时代,人们每天都会接触到海量信息,这就要求大学生熟练掌握计算机方面的知识,以及考勤机、复印机、会议设备、办公系统等的运用。例如,当前电脑办公非常普遍,这就要求大学生具有熟练使用电脑办公软件的技能,以及撰写计划、汇报材料、演示材料等技能。

三是人际关系技能。步入职场后,大学生将面临复杂的人际关系。如何处理与上级、同事之间的关系,是大学生必然面对的重要问题。因此,教师要给即将步入职场的大学生讲清楚与上级沟通的方法和技巧,与同事的相处之道。这是他们必须提升的一项重要能力,对于他们顺利适应职场、应对复杂的职场关系尤为必要。

3. 岗位素质提升

无论从事哪个领域的工作,都应培养相应的岗位素质,包括沟通能力、团队合作能力和创新能力等,这是大学生顺利走向职场的"通行证"。

一是沟通能力。戴尔·卡耐基曾说,一个人的成功只有15%依靠专业知识,85%要依靠与人打交道的能力。可见,沟通能力对于一个人的职业发展具有至关重要的意义和作用。人际沟通主要是心理层面的沟通。人们每天都要用大量的时间进行沟通。对于职场中的人来讲,沟通更是无处不在。初入职场的大学生,必须提高沟通能力,避免无效沟通,以便更好地开展工作。这就要求大学生必须掌握一些基本的沟通原则和方法,尽量避免沟通中的各种障碍。

二是团队合作能力。当今社会,由于知识的融合程度日益加深,仅仅依靠个人的力量很难完成工作任务,而往往需要团队的力量才能实现目标。也就是说,为了实现集体的共同目标,每个个体都需要具备与他人合作的能力,在工作中充分发挥各自的优势和特长,并与团队其他成员协调一致,才能提升团队合作能力,发挥集体的潜能,保证组织的高效运转。

三是创新能力。创新能力在于多角度、多侧面、多方向地看待和处理问题。人们往往受思维定式和习惯的思考方式、行动方式的限制,难以突破常规进行大胆创新。但是,对于刚进入职场的大学生来讲,创新能力又显得尤为重要。这就要求高校对即将步入职场的毕业生进行创新能力的培养,激发他们的创新能力。

(二)进行心理疏导

进入职场后,毕业生要完成从学生身份向职业身份的转变,心理上必然面临诸多不适应。为了帮助毕业生顺利实现身份的转变,教师要对即将步入职场的毕业生开展相应的心理疏导,帮助他们树立正确的职场应对意识。

1. 常见心理问题

毕业生由于性格、需要、兴趣等存在差异,心理状态和心理调适能力也不一样,产生的心理问题也多种多样。常见的有以下几种情况:

一是焦虑。焦虑是由多种客观原因导致的内心不安或恐惧,是由于预见自身将要面临的不良处境而产生的情绪,表现为紧张、担忧、惊恐等。毕业生即将步入职场,面临新的环境和新的人际关系,不可避免地会产生焦虑,总是忧虑自己能否把工作完成好。这是很多毕业生都会出现的心理状况。刚走出校门没有社会经验的毕业生对职场还很陌生,产生焦虑心理属于正常现象。一般而言,适当的焦虑会使毕业生产生压力,这种压力有利于激发毕业生的进取心。通常来说,人只有在面对压力时才会迫使自己产生积极的行为,但是压力一旦超过承受能力,心理上就会出现过度的焦虑、沮丧以及不安。如果不及时化解这些情绪,就容易滋生心理上的各种疾病,使即将入职的毕业生产生心理上的障碍。

二是抑郁。抑郁主要表现为情绪低落、兴趣降低和悲观思维等,总是担心自己患有各种疾病,感到全身多处不适。心理学的研究表明,当人们处于抑郁状态的时候,其制订计划、有条不紊完成任务的能力将严重降低。人们在遭遇挫折和困难的时候,往往会深陷其中,难以从中摆脱出来。毕业生如果过多预想未来职场中可能经历的阻碍,就很容易产生失落的情绪,影响到学习、工作和生活。

三是愤怒。从心理学的视角来看,愤怒是一种情绪表达方式,不同的人会有不同的表现。愤怒的产生与个人的生活环境息息相关,家长的愤怒情绪极易影响到孩子。现代社会生活节奏感不断加快,自然影响到即将迈入职场的毕业生。相较于职场生活,校园生活相对较为舒适,这可能导致毕业生因对未来生活预期的不满而产生愤怒情绪。

2. 职业心理调适

心理调适主要是根据自身发展和环境的需要,通过内部或外部的方式,对自己的心理进行调节和控制,从而最大限度地发挥个人潜能,维护心理上的平衡,消除心理上的困扰。高校毕业生的职业心理调适主要包括以下方面:

一是主动进行自我调适,做好入职前的思想准备。高校毕业生在难以维持心理平衡的状况下,即将产生或已经产生心理障碍时,应根据实际情况选择适当的方法进行自我调适,以形成积极健康的心态,促进人格的不断完善。教师要引导毕业生进行积极的心理调整,并提醒他们做好入职前的准备工作。只有做好思想准备,毕业生才能增强自身的信心,减少入职前的焦虑。一方面,要充分了解即将进入的单位,接受企业的文化,以饱满的精神状态迎接工作;另一方面,要树立正确的职业观,选择了某一职业、某个单位,就要从内心真正接受它。教师在引导毕业生进行心理调适的过程中,也要引导学生学会处理工作中的竞争与合作关系,让毕业生对在职场中可能面临的问题有所了解。

二是加强外部干预和疏导。毕业生尽管在大学阶段已经了解和掌握了一些自我调适的方法,但面对不熟悉的环境,还是会出现种种心理矛盾。这就要求毕业生引入外部干预,进行恰当的调适。例如,寻求专业的心理咨询师指导,对入职后可能会出现的心理问题进行疏导。初入职场的毕业生应迅速熟悉工作环境、适应组织环境等。一方面,要尽快熟悉工作环境,在同事心中建立良好的第一印象。第一印象会对人产生持久的影响,毕业生要适当着装,明确岗位职责,高效完成任务,熟悉企业文化、制度和发展策略等;另一方面,要适应新的组织环境,妥善处理工作中复杂的人际关系,学会尊重上司,与同事融洽相处,找到自己在企业中的位置,不断提升战胜困难的勇气和能力。

(三)增强就业信心

信心对一个人来讲至关重要。高校既要对毕业生进行职前培训,使他们掌握职场中常用的知识和技能,也要针对可能出现的心理问题进行积极的心理疏导,为毕业生顺利步入职场增强信心。为了帮助毕业生较好地适应职场,教师要积极引导毕业生树立成功就业的信心、规划好自身的职业发展目标以及脚踏实地完成工作任务。

1. 树立成功就业的信心

自信心是毕业生成功就业不可缺少的因素,也是重要的心理素质。自信心是相信自己能够战胜困难的精神力量,建立在对自身力量的发掘和正确估量上。每一个人只有充分相信自己,才能以饱满的热情投身到事业中去。阿德勒曾指出,人与生俱来地具有自卑感,总觉得自己不如他人。但是每一个人都有实现超越的渴望,希望能够提升自己,避免走下坡路。拥有信心,往往能够帮助人们创造一片新的天地。尽管信心并非万能的,但是拥有信心的人往往更能克服困难。信心是通向成功的重要保证。

教师在引导毕业生求职择业时,要教会他们正确、全面、客观地评价自己,正确地与他人进行比较,能够正确看待自己的弱点和不足,客观分析成功或失败的原因,从而充分激发自信的力量。

一是要相信自己。相信自己作为一种积极的心理暗示,对刚进入职场的毕业生来说至关重要。很多毕业生在家是父母的宠儿,在学校受到老师和同学的呵护,往往心理比较脆弱。进入职场后,上级往往对工作的时间和质量有一定要求。毕业生完成不好的话,难免遭到领导的批评,这很容易导致毕业生心理上的消极懈怠。面对这种状况,毕业生应不断对自己进行积极的心理暗示,相信自己能够把工作完成好,并且要提醒自己,把工作完成好是职责所在。在积极的心理暗示下,毕业生能够减少抱怨等消极情绪,将工作高质量、高效率地完成。

二是要勇敢面对工作中的挫折和困难。职场新人难免出现各种困难和挫折,因此,要树立解决和战胜困难的信心。新员工在工作中有困惑、有困难在所难免,这个时候不要惊慌、不要害怕,而要用积极乐观的态度去解决问题。面对困难和障碍不能逃避,更不能畏缩不前。要学会在困难中崛起,增强解决困难的信心,不断提升自己。

2. 脚踏实地,知行合一

面对工作中艰巨繁重的任务,唯有脚踏实地,方能行稳致远;唯有真抓实干,才能梦想成真。越是知易行难,越要做到知行合一。工作中所出现的问题和挑战,只有在实干中才能解决。这就要求即将进入职场的大学生,要立足自己的平凡岗位,从小事做起;做到"干一行,爱一行"[①]。

[①] 马晓华.大学生职业生涯规划[M].北京:北京交通大学出版社,2009:212.

一是立足平凡岗位,从小事做起。平凡岗位是指一般的、普通的、大众化的、基层性的工作岗位,它是相较于特殊的、重要的、稀缺性的、高层性的工作岗位而言的。所谓小事,是指简单的、局部的、琐碎的、次要的工作或事情,它是相较于复杂的、整体的、庞大的、重要的工作或事情而言的。平凡的岗位面对的是简单且重复性高的工作,或繁琐细小的任务。初入职场的毕业生,面对的是崭新的任务和相对陌生的环境,要扎根于自己的平凡岗位,把本职工作做好,安心工作,积极进取,勇于拼搏,在平凡岗位中谋求发展,创造价值。这就要求毕业生能够调整好自身的心态,安心工作,及时总结经验与得失,采取相应的措施,为改变现状和创造未来而不懈努力。毕业生不能仅仅把工作当作自己的谋生手段,还应看作整个人生的追求,从而全身心投入到工作中来,做到爱岗敬业,不懈进取,实现在平凡中追求卓越。

二是做到"干一行,爱一行"。社会主义市场经济改变了以往国家分配工作的方式,主要实行的是求职者与用人单位双向选择的方式,既有效满足了用人单位挑选合适人才的需求,也让求职者能够从事自己感兴趣的工作。在这种双向选择的环境下,个人的积极性得以充分发挥,以更高的热情投入到工作当中来,做到"爱一行,干一行"。当然,这并不是要求人们一生只从事一项工作,而是鼓励人们全面发展,无论从事何种工作,都能保持"选定一行,就爱这行"的热情。对于初入职场的新手而言,更要调整好自身的心态,做到"干一行,爱一行",这样才能专心致志把工作搞好。如果仅仅从兴趣出发,见异思迁,"干一行,厌一行",不但难以充分发挥自身的聪明才智,还会对工作造成一定损失。

第六章

"大思政"视域下高校就业育人的策略优化

促进毕业生更好成长更快发展和更加充分更高质量就业,是高校就业育人的应有之义,也是高校就业育人的重要目标。在"大思政"视域下,高校就业育人的内涵更加丰富,方法更加多样。"大思政"内蕴的党建元素、思政因子为高校就业育人策略优化提供了基础和保障。高校应立足"大思政"视域,唱响主基调,筑牢主战场,建强主力军,打好主动仗,构建适应新时代要求的就业育人新体系,创新就业育人新路径、新方法,为培养堪当民族复兴大任的新时代青年保驾护航。

一、抓牢党建统领与思想引领的主基调

2022年,习近平总书记在中国人民大学考察时强调:"要坚持党的领导,坚持马克思主义指导地位,坚持为党和人民事业服务,落实立德树人根本任务,传承红色基因,扎根中国大地办大学。"[①]坚持和加强党对高校的全面领导,抓牢党建统领与思想引领主基调,是办好中国特色社会主义大学的根本保证,对于做好高校就业育人工作具有重要意义。

(一)发挥党委统一领导"定盘星"作用

党的集中统一领导为就业育人工作指引方向,提供遵循。党建工作是就业育人的重要支撑。就业育人凸显党建统领与思想引领主基调,首先需要加强党的统一领导,把党的政治优势、组织优势转化为育人感召力、感染力,这是抓牢就业育人主基调的关键一环和重要课题。

1. 强化各级党委领导

要突出各级党委在就业育人工作中的核心地位。习近平总书记指出:"党政军民学,东西南北中,党是领导一切的。"[②]坚持党对就业工作的领导,是做好

---

① 习近平.坚持党的领导 传承红色基因 扎根中国大地 走出一条建设中国特色世界一流大学新路[N].人民日报,2022-04-26(1).

② 习近平.习近平著作选读:第2卷[M].北京:人民出版社,2023:222.

就业育人工作的根本保证。就业育人是系统工程,需要多方参与才能形成合力。在开展就业工作时,要旗帜鲜明、毫不动摇地坚持党的领导核心地位,落实就业工作"一把手"工程,建立以党委书记为领导核心的就业育人工作统一领导机制,从思想政治教育的整体着眼,紧密团结全体工作人员,调动一切可以调动的力量,凝聚育人合力,发挥育人职能,形成就业育人工作新格局。

学校党委是学校的领导核心,履行党章等规定的各项职责,把握学校发展方向,决定学校重大问题,监督重大决议执行,领导学校思想政治工作和德育工作。因此,学校党委对就业育人工作既有政治优势,也有组织优势,对育人合力的形成能够发挥积极和关键的作用。院系党委是就业育人工作的组织主体,培养院系是就业育人工作的具体实施单位,肩负育人工作主体责任。在制订就业育人工作计划和方案并组织实施、抓好全体教师这个就业育人主力军、协调统筹校内外各方资源等工作过程中,院系党委大有可为。

要发挥各级党委在就业育人工作中的关键作用。学校党委要认真组织学习、宣传和贯彻党和国家关于就业工作的相关政策,定期研究就业工作走向、就业工作规划、就业工作经费、就业工作队伍建设等重大问题。在党委领导下,以"一把手"工程为抓手,着力构建相关职能部门和各学院共同组成的就业育人联席工作机制,定期针对就业工作开展专题研讨、目标制定、任务分工、问题解决等协同研究和部署。

在学校党委统一领导下,进一步建立和完善部门、院系就业工作领导机构和管理体制。一方面,细化分工,落实责任。就业育人贯穿学生求学始终,是一项系统工程,党委要把就业育人的目标任务分解落实到党委的组织、宣传、学生工作等部门,分解落实到教务、科研、行政、后勤等板块,分解落实到专业课、通识课、思想政治理论课等教学途径,分解落实到团委、学生会、班级、社团等组织,把职责任务分解到位,落实到位,避免出现工作盲区,确保工作界面清晰、科学合理。另一方面,各培养院系要抓好就业育人工作落实。二级院系是就业工作落实落地的基层组织单位,是就业育人贯彻执行的落脚点,肩负就业工作主体责任。院系就业工作的开展情况直接关系到学校决策部署和育人工作实效。在学校党委的领导和职能部门的通力配合下,院系党委要主动扛起就业育人大旗,统筹协调学院教学、管理、学工等工作,制订院系就业工作方案和年度工作计划,充分分析学生特点,以问题为导向,有针对性地开展就业育人工作。

2.加强顶层设计

高校就业工作是育人和育才相统一的过程。开展就业工作必须将育人体系贯穿其中,并从根本上做好顶层设计和整体谋划,以更高的站位和更全的视角消除认识差异,统筹各类资源,形成向心合力,蹄疾步稳,取得实效。

要建立就业育人由上而下的明确的工作方法,以习近平新时代中国特色社会主义思想为指导,推动形成学校统一领导、就业主管部门牵头抓总,有关部门密切配合,学院充分发挥主体作用,全校教师共同参与、各司其职的工作格局。要建立确保"大思政"视域下高校就业育人有效实施的教学实践体系,针对当前大学生面临的就业实际情况,研发富含思政意蕴的教学内容,切实保障就业育人内涵式发展。

要健全就业育人持续有效建设的资源保障机制。通过资源整合、政策倾斜、氛围营造等为就业育人提供全方位、立体化支撑,深入调研就业工作必需的各项资源,切实调动各方力量,在落实就业机构、人员、场地、经费的基础上,通过平台搭建、要素供给、资源整合等有效途径,为就业育人保驾护航。

要构建就业育人的科学评价机制。只有通过完善的评价机制,对就业育人实施的有效性和影响力进行科学合理的衡量,并形成严谨的评价结论,以此进一步反馈和修正就业育人,形成就业与招生计划、人才培养联动机制,才能够有效构建就业育人良性建设的闭环。在教师层面,要考量授课教师对就业课进行思政建设后的总体规划、授课过程、考核结果的评价情况;在用人单位层面,要考量用人单位对学生的政治素养、职业素质、专业能力等的认可程度和意见建议;在学生层面,要考量实施就业育人课程思政后学生对于自身发展情况的满意度和改进期望。上述三个层面的评价结果应全方位反馈给就业课思政建设,充分发挥激励、导向功能,促进教学质量的提升。

要健全持续巩固提升就业育人成效的激励办法。就业育人是"三全育人"体系的有效延伸,要通过最大限度地挖掘就业工作中的思政元素来实现。就业工作队伍作为就业育人有效实施的主体力量,是最终实现育人功能的主力军。有效的激励制度能够激发就业工作队伍尤其是专业课教师的积极性、主动性和创造性,使他们更加主动地参与就业育人体系建设。要通过考核与评价等激励约束机制,综合运用物质激励、荣誉激励、晋升激励、培训激励、榜样激励、机会激励等手段,切实提升全体人员积极参与就业育人工作的认同感和获得感,并内化为意识共识和行为自觉。这样才能够有效驱动全校教师积极主动地投入就业育人工作,确保形成就业育人工作行稳致远的长效机制。

3. 明确各方职责

就业育人是"三全育人"格局下的一项系统工程。高校要落实立德树人根本任务,按照"立足整体、凝聚合力、分头负责、整体推进"的总要求,坚持学校党委统筹协调、职能部门归口管理、其他部门密切配合、培养院系推进实施、全体教师贯彻执行的工作机制,进一步明确各方责任,压实工作职责,确保就业育人工作权责清晰、科学合理,促进育人工作有序推进,取得实效。

学校党委是就业育人工作的领导核心,肩负着擎旗、指路、把方向、促落实的重要职责。其具体职责在上文已有分析,此处不再赘述。

职能部门是就业育人工作的归口单位,负责按照学校总体规划,统筹全校就业育人工作,承担就业管理、就业市场、就业指导以及就业指导课程等工作。

其他部门是就业育人工作的配合单位,负责围绕学校就业育人工作总体部署,群策群力,依据本单位职能分工为育人工作提供有针对性的帮助和支持。

培养院系是就业育人工作的实施单位,肩负育人工作主体责任,对接职能部门,负责制订富有院系特色的就业育人工作计划和方案并组织具体实施,同时配合职能部门承担部分就业管理、就业市场、就业指导以及就业指导课程等工作。

全体教师是就业育人工作的一线执行者,直接面对学生,在相关部门的指导下担负就业育人各项基本工作的具体落实,是就业育人工作的主力军。

(二)构建"大党建""大思政"工作新矩阵

党建工作和思政教育是高校履行就业育人功能的重要支点,两者在助推育人工作方面各有所长。如何充分发挥"大党建""大思政"工作优势,推动就业育人走深走实、做出成效是一个值得深入研究的问题。

1. 打造"大党建"就业育人工作新模式

《中国共产党章程》第三十二条规定,党的基层组织是党在社会基层组织中的战斗堡垒,是党的全部工作和战斗力的基础。[①]按照《中国共产党章程》第三十条的相关规定,高校党组织属于党的基层组织,根据工作需要和党员人数,经上级党组织批准,设立高校党的委员会、院系级党组织,以及教职工、学生党支部,执行党的基层组织的任务。高校基层党组织是联系党与高校师生的最直接、最广泛以及最有效的组织,是党在高校宣传马克思主义理论、贯彻党的路线方针、对师生进行思想政治教育的坚实平台,具有坚定的理论性和政治性;是密切联系广大师生、了解师生关切、解决师生问题、反映师生诉求的最有效组织,具有广泛的群众性;是教育引导广大青年学生成为社会主义建设者和接班人的有效保障,具有极强的育人性。高校基层党组织在高校有着不可替代的作用。以党建为统领,充分发挥党的政治优势、组织优势、制度优势,利用"大党建"助推就业育人工作,打造"大党建"就业育人新模式,是持续提升新时代就业育人工作的重要着力点之一。

一是突出政治引领,把准育人方向。充分发挥基层党组织在就业育人过程中的战斗堡垒作用,最关键的就是突出党的政治引领,加强党的基层组织建设,针对就业育人教师队伍和学生两个主体,做好政治思想引领,促进高校毕业生思想品德素质提升。2022年4月,习近平总书记指出"为谁培养人、培养什么人、怎样培养人"始终是教育的根本问题。要坚持党的领导,坚持马克思

[①] 中国共产党章程[M].北京:人民出版社,2017:22.

主义指导地位,坚持为党和人民事业服务,落实立德树人根本任务,传承红色基因,扎根中国大地办大学,走出一条建设中国特色、世界一流大学的新路。我国高等教育发展的最终落脚点在于培养堪当民族复兴大任的时代新人,就业育人的目标就是引导高校学生将个人的价值追求主动融入国家经济社会发展、民族复兴的需要上来。在学校党委统一领导下,高校各级党组织特别是党支部充分发挥纽带桥梁作用,把学生凝聚到党组织周围,坚持以习近平新时代中国特色社会主义思想武装育人队伍,武装全体党员干部,特别是学生党员。基层党组织发挥战斗堡垒作用,党员发挥先锋模范作用,把党的创新理论与高校教育实际结合起来,在具体的就业育人实践中深化理论运用,用好理想信念教育和爱国主义教育这两个平台,向学生宣传好中国特色社会主义、中国梦,营造良好的文化氛围,以文化人,以文育人,不断提升当代大学生的理想信念、道德观念、价值理念,真正培养出信念坚定、可堪大任的时代新人。

二是突出组织带动,扩大育人覆盖。进入新时代,我国的国际国内环境发生了极大的变化,身处高校中的青年学生思想价值体系尚未完全建立,易受不良思想和文化的负面影响,导致个人在就业过程中的认识和行为出现偏差。因此,发挥高校党建引领,以党建带动共青团、学生会、社团等各校内组织,共同参与就业育人工作,形成育人合力,至关重要。作为党的助手和后备军,共青团是面向高校学生最直接的组织之一,共青团、学生会、各类社团组织涵盖了高校大学生的学习、生活方方面面,是同学生联系最紧密、最直接的沟通渠道,有着独特的育人优势。在"大思政"视域的就业育人新模式下,坚持以党建为统领,以党建带团建,充分挖掘共青团、学生会、各种社团组织的就业育人因子,发挥学生骨干示范带动作用,激发就业育人活力,把就业育人理念、任务融入组织动员、组织工作、组织活动中。这是高校就业育人工作增强覆盖面、提升影响力的重要途径之一,是把育人工作做到学生身边、做进学生心里的关键一招。

三是突出效能挖掘,促进育人创新。高校就业育人要始终坚持立德树人这个根本任务,始终瞄准提升大学生就业能力素质、增强大学生社会环境适力这个重要目标,这也需要我们立足职能任务,不断创新育人手段和方法,创新宣传载体,增强育人亲和力。习近平总书记强调:"一种价值观要真正发挥作用,必须融入社会生活,让人们在实践中感知它、领悟它。"[①]"大党建"就业育人立足高校大学生日常生活,创新宣传模式、素材,从学生中来又到学生中去,以学生喜闻乐见的方式,讲学生身边的榜样事迹。习近平总书记指出:"要找准思想认识的共同点、情感交流的共鸣点、利益关系的交汇点、化解矛盾的切入点,不断提高网上舆论引导工作的实效。"[②]要创新党建活动,将就业育人任务融入党建活动,强化服务意识,激发全体党员参与就业育人工作,形成制度机制,创造品牌活动,不断增强"大党建"就业育人的向心力和感召力。在万物互联时代,高校要创新育人载体手段,将互联网融入"大党建"就业育人工作,提升育人时代感。高校各级党组织积极利用网络新媒体平台开展工作,创办学校、学院官方微博、微信公众号,发布展示学生就业工作动态,以学生喜闻乐见的方式开展宣传教育。建立院校、年级、班级等多层级交叉的微信、QQ沟通渠道,构建起网络新媒体"大党建"就业育人工作平台。

2. 开拓"大思政"就业育人工作新格局

《教育部关于做好2021届全国普通高校毕业生就业创业工作的通知》提出了强化就业育人实效的要求。新时代条件下,高校必须把毕业生就业作为立德树人的重要环节,作为"三全育人"的重要内容,充分发挥课程、科研、实践、文化、网络、心理、管理、服务、资助、组织等方面工作的就业育人功能,挖掘就业育人要素,完善就业育人机制,不断健全完善"就业思政"工作体系,推动就业工作向就业育人聚焦,形成"就业大思政"新格局。

一是在日常思想政治教育中突出就业思想教育。作为就业育人的实施主体,高校要尽力统筹好校内各种教育资源,抓好"课堂外"就业育人资源增长点。按照学校各部门、培养单位具体职能分工,坚持以"党建领航、文化引领、

---

① 习近平.习近平谈治国理政:第1卷[M].北京:外文出版社,2014:165.
② 中央网络安全和信息化委员会办公室.习近平总书记关于网络强国的重要思想概论[M].北京:人民出版社,2023:57.

队伍支撑、要素聚集、考核评估"五大聚能工程为内核,实施实践育人、文化育人、网络育人、管理育人、心理育人、服务育人、资助育人等活动,不断完善育人价值链、育人共同体、育人连环阵、育人运行环"一链三要素"就业育人机制。

实践育人着眼于提升学生就业实践能力,构建实践教学、社会实践活动、创新创业教育有机结合的就业实践育人体系,开展就业实习见习、职业体认活动,让学生通过实践锻炼,提升就业能力,树立家国情怀,增长就业本领。文化育人、网络育人着眼于线上线下文化建设,弘扬社会主义核心价值观,繁荣校园就业发展文化,以文化人,以文育人,提升高校大学生就业人文情怀,增强成功就业自信。心理育人、服务育人、资助育人着眼于就业帮扶服务,提升高校大学生的获得感、幸福感。在高质量服务保障中引导高校大学生践行社会主义核心价值观,助推高素质人才培养,引领毕业生在服务国家社会发展中实现个人的人生价值。针对"慢就业""懒就业"等学生群体,创建推广就业心理育人工作范式,营造良好育人氛围,提升学生积极健康的就业心理品质。针对家庭困难和身体有残疾等学生群体,坚持"扶困"与"扶智""扶志"相结合,完善就业帮扶体系,建立"一生一策"机制,协同开展精准资助行动、教育引领行动、发展型资助行动,形成"解困—育人—成才—就业—回馈"的良性循环。

二是在课程思政中加强生涯规划引导。高校就业育人要用好课堂教学这个主渠道,在改进中加强、在加强中提高,不断提升课程思政的亲和力和针对性,不断满足学生在就业育人方面的需要和期待。与此同时,思政课和其他各门课程都要守好责任田,撒播育人的种子,使得各类课程能够同思政课教学同向同行,形成课程思政的协同效应。这是在"大思政"视域下整合各类课程的就业育人资源,打通专业、通识、拓展课程就业育人鸿沟的现实要求。

专业课程作为提升大学生专业技能和专业能力的关键载体,是影响毕业生就业的关键因素之一,具有亲近性、长期性等独有特征,能够以更为柔和和富有弹性的形式拉近大学生与育人工作的心理距离。通过引导毕业生增强专业实力以提高就业竞争力,在潜移默化中开展就业育人工作,是思想政治理论课的必要调剂和重要补充。通识课程作为专业教育之外的基础教育课程,能够帮助学生构建相对完整的认知体系,通过培养大学生增长知识的能力,提高价值判断能力,增强逻辑分析能力,获得终身学习能力,帮助毕业生锚定就业目标,理性分析和解决求职就业过程中遇到的实际问题和困惑,有效搭建与就业紧密耦合的育人新阵地。拓展课程是塑造培育、拓展提升大学生综合素质的重要依托,以促进学生个性成长和全面发展为中心,对思政元素的融入有独特的作用。"大思政"背景下,拓展课程能够启发学生学思践悟,知行合一,为就业育人提供充足养料。

二、筑实就业场域与思政课堂两个主战场

就业场域是指高校开展就业指导、管理、服务工作,以及大学生参加职业生涯规划、就业见习、就业准备、求职应聘、职前充电等活动的场域。思政课堂是指高校立德树人的关键课程——思想政治理论课的授课课堂,对于帮助青年大学生以科学理论武装头脑、指导行为起着不可替代的作用。毫无疑问,就业场域和思政课堂是开展学生职业观、就业观、择业观教育引导的主阵地和主渠道。充分挖掘就业场域的思政元素,激活思政课堂的就业因子,两个战场共融互促,优势互补,能够推动高校就业育人工作提档升级。

(一)突显就业场域的思政功能

就业场域直指大学生就业发展问题,是大学生就业思想观念产生和形成的最直接场域。在就业场域加强思想政治教育,将思政课拓展到就业场域来讲,能够更有针对性地解决学生就业思想观念问题,既促进就业发展,又增强教育实效,是就业育人的重要方法和直接体现。

1. 擦亮就业指导课程的思政功效

教育部办公厅印发的《大学生职业发展与就业指导课程教学要求》明确规定,大学生职业发展与就业指导课现阶段作为公共课,既强调职业在人生发展中的重要地位,又关注学生的全面发展和终身发展,通过激发大学生职业生涯

发展的自主意识,树立正确的就业观,促使大学生理性地规划自身未来的发展,并努力在学习过程中自觉地提高就业能力和生涯管理能力。

大学生职业发展与就业指导课程一般在大学1—3年级开展,既有课堂讲授,又有实践教学,内容包括五个部分。第一部分是建立生涯与职业意识,帮助大学生意识到确立自身发展目标的重要性,了解职业的特性,思考未来理想职业与所学专业的关系,逐步确立长远而稳定的发展目标,增强大学学习的目的性、积极性。第二部分是职业发展规划,包括了解自我、了解职业,学习决策方法,形成初步的职业发展规划,确定人生不同阶段的职业目标及其对应的生活模式。第三部分是提高就业能力,引导学生了解具体的职业要求,有针对性地提高自身素质和职业需要的技能,以胜任未来的工作。第四部分是求职过程指导,使学生提高求职技能,提升心理调适能力,维护个人合法权益,进而有效地管理求职过程。第五部分是职业适应与发展,使学生了解学习与工作的不同、学校与职场的区别,引导学生顺利适应生涯角色的转换,为职业发展奠定良好的基础。

大学生职业发展与就业指导课程是思想政治教育与就业工作的合集,富含思想政治教育元素。充分发掘该门课程的思政功能,引导大学生通过课程学习,树立起职业生涯发展的自主意识,树立积极正确的人生观、价值观和就业观念,把个人发展和国家需要、社会发展相结合,确立职业的概念和意识,愿意为个人的生涯发展和社会发展主动付出积极的努力,将有助于就业指导课程"育新人"与"促就业"双重价值的实现。

2. 挖掘就业管理服务的隐性育人价值

对于高校来讲,产教融合、校企协同育人是就业场域思政功能的重要载体。产教融合、校企协同育人拓展了思政课程的内容,增强了思政课程的实践性、实效性。

一是要创新工作方法,提升育人实践性。与常规的思政课堂上集中授课、单向传输为主的育人方式不同,就业场域的育人过程将思政教育因子融入学生实践过程,方式更加灵活,互动更加深入,在潜移默化中深化学生对思政教育的体会和认识,达到春风化雨、润物无声的目的,避免了生硬的说教,激发了育人的活力,改善了育人的效果。结合育人目标和内涵,将思政因子充分融入就业场域各方面,如通过杰出模范的榜样示范,引导学生刻苦钻研,养成精益求精的就业态度。

二是要把握育人规律,提升育人实效性。就业场域的实践属性可以有效弥补常规思政课程单纯进行理论教学、知识学习的不足。人的认识发展规律是认识—实践—再认识—再实践—再认识的螺旋上升过程,思想政治教育也是这样一个认识发展的过程。学校的理论教学就是认识的过程,通过老师的理论教授,让大学生快速、牢固掌握相关的理论知识。就业场域下的实践教学就是学生不断深化认识、筑牢信念观念的重要途径和载体。通过课程以外的实践活动,学生得以检验在课堂中获得的知识,既提升了认知水平,又夯实了实践技能,还提高了应对各种困难挑战甚至挫折的心理素质。

三是要利用实践场域,凸显价值引领性。随着产业结构调整的不断深入,社会对高校毕业生的要求和需求也瞬息万变,过硬的综合素养在应对快速变化的需求时显得尤为重要。教育的目标就是培养德智体美劳全面发展的社会主义建设者和接班人。要促进高校毕业生全方位发展、全方位过硬,不断增强自身的环境适应能力,就必须通过就业场域的实践锻炼。刀在石上磨,人在事上练。就业场域的实践考验是最好的思政教育因子,学生的专业知识、实践技能在实践磨砺中不断提升,适应能力也不断增强,思想素质也更加坚定过硬。

(二)激活思政课堂的就业因子

思政课程是一门充满着理论光辉和实践价值的启发性课程。当前,高校普遍开设了马克思主义基本原理概论、毛泽东思想和中国特色社会主义理论体系概论、中国近现代史纲要、思想道德修养与法律基础以及形势与政策等五门思想政治理论必修课。教师要从不同层面融入大学生就业元素,增强课堂教学的吸引力。

1. 将就业场景引入思政课堂

思政课堂是高校就业育人的又一主战场。将就业场景引入思政课堂,能增强思政课堂的就业育人功能,提升高校思想政治理论课的实效性。也就是说,"大思政"要求将就业场景引入思政课堂,与思政课堂相融通,观照大学生就业现实,不仅拓宽了思政课堂的新视域,更凸显思政课堂的就业育人功能,更好立德树人、培根铸魂,更好为党育人、为国育才。

将就业场景引入思政课堂,找到有效的载体与表达方式,建构就业"大思政",才能打通"进头脑"的最后一公里。要构建就业"大思政",需要思政课堂确立融入高校大学生就业育人大局的定位,整合4+1门课程的思政课堂就业育人资源,统筹推进就业场景进入思政课堂,真正做到同频共振,从而实现就业育人功能的最大化;需要思政课堂纵横历史与现实,使就业"大思政"具备时间的厚度,让思政课堂的家国情怀构筑、奋斗精神塑造和就业价值引领与历史相贯通、与文明相联系,从而增强就业"大思政"的引导力和现实性;需要思政课堂联结理论与实践,使就业"大思政"具备实践的宽度,帮助大学生不仅掌握看清就业大势的"透视镜",同时增进大学生对现实就业的感悟,从而增强就业"大思政"的说服力和实践性;需要思政课堂关联国内与国际,使就业"大思政"具备空间的广度,培养大学生的国际视野,强化使命担当,凸显奉献精神,引导学生将职业理想融入国家和民族事业,在实现中华民族伟大复兴的奋斗中勇挑重担、成就大我,从而增强就业"大思政"的影响力和时代性。

要建构就业"大思政",将就业因子引进思政课堂,思想政治理论课教师需要做到有理念、有原则、有能力。

一是就业场景引入思政课堂要有理念。要想善用"大思政",将就业场景引入思政课堂,建构就业"大思政",思政课教师就必须树立"大思政"理念。为此,思政课教师视野要广,使教育思路紧跟国际大势、就业形势,推动就业"大思政"因事而化、因时而进、因势而新,真正成为常讲常新的"就业大课"、大学生成才的人生大课、各方协同的社会大课。就业"大思政"教学目标要明,要把育新人与稳就业相结合,引导大学生立鸿鹄志、做奋斗者,在实现中华民族伟大复兴的千秋伟业中找到自己的定位,投入到踏踏实实的学习和工作中,实现自己的人生理想。

二是就业场景引入思政课堂要有原则。如何在社会现实中用好"大思政",是思政课教师必须回答好的时代之问。一是要坚持潜移默化。对于"说教",学生本能地就会有一种心理上的抵触。面对这样的状况,"思政课"应结合学生关心的就业现实来讲,从根本上解决学生的思想问题。二是要坚持向阳而生。思政课教师应坚持以德立教、以身作则,实现"让有信仰的人讲信仰""让有情怀的人谈情怀",引导学生科学把握就业形势,确立正确的就业价值观念,正确处理个人与国家和社会的关系。三是要坚持互相成就。将就业场景引入思政课堂,激活思政课堂,不断开辟就业"大思政"新境界,让思政课堂与就业元素相融合、与就业实践相关联,使思政课堂真正活起来、实起来、强起来,学生的就业素养才能通过思政课堂得到有效提升。

三是就业场景引入思政课堂要有能力。思政课教师应具备全面把控能力,深入研究教材内容,吃准吃透教材基本精神,适时融入就业场景内容,增强教学的针对性;应具备娴熟的驾驭力,主动深化教学内容改革,在深挖就业育人元素上下功夫,积极围绕学生关心的就业发展问题,把党中央的决策部署、生动的背后故事和自身的经历感受等融入课堂教学,丰富和充实课程内容;要重视"形式多样",改变单向传递知识的传统模式,突出学生的主体地位,增加交互深度。充分利用现代化教学手段,开展混合式、嵌入式、沉浸式教学,让思政课活起来、火起来。

2. 构建就业"大思政"教学内容体系

思政课教师理应在"大思政"视域下找准就业育人的现实定位,关切社会就业现实情况与学生就业发展现状,构建就业"大思政"教学内容体系。

一是明晰就业"大思政"的基本要素。在教学内容上,以马克思主义科学理论为基础,坚持不懈弘扬社会主义核心价值观,着力厘清思政课与新时代大学生就业发展的内在关联和理论契合点。在授课方式上,改变照本宣科的传统模式,着力提升教学话语的吸引力,将课程语言转化为教学语言,将政治语言转化为适合大学生特点的通俗语言,努力提升语言的趣味性和感染力,把"有意义"的课讲得"有意思"。在教学目的上,引导学生正确认识"远大抱负"和"脚踏实地"的关系,珍惜韶华、脚踏实地,把远大抱负落实到实际行动中,让勤奋学习成为青春飞扬的动力,让增长本领成为青春搏击的能量;激励他们主动承担当代大学生的历史使命,自觉地把个人的理想追求融入国家和民族的事业中,勇做走在时代前列的奋进者、开拓者。

二是统筹各门课程引入就业场景的内容呈现。当前,高校开设了马克思主义基本原理概论、毛泽东思想和中国特色社会主义理论体系概论、中国近现代史纲要、思想道德修养与法律基础、形势与政策等五门思想政治理论必修课。这五门课程作为"大思政"的核心组成部分,既相互联系,又各有侧重,均可以在教学过程中从不同层面融入大学生就业元素,适时穿插就业内容以丰富和优化教学体系,充实和拓展教学内容,增强课堂教学的趣味性和吸引力。

马克思主义基本原理概论课程关于唯物论和辩证法部分,可以适时导入理性审视疫情时期的就业压力和辩证看待后疫情时代的就业前景等内容,帮助毕业生了解就业环境的新变化,认识到有效提升自身就业能力的必要性和重要性。毛泽东思想和中国特色社会主义理论体系概论课程关于"实事求是"和"总依据"部分,可以引导学生认清自身优势和特长,立足自身实际,发挥优势潜力,看到缺点和不足,合理调整预期,谋划人生未来;在"改革开放"和"总布局"部分,讲清全面深化改革带来的变化调整和疫情冲击下的就业挑战等内容。思想道德修养和法律基础课程,可以开设社会主义核心价值观与大学生就业问题、诚信就业以及与大学生就业紧密相关的法律法规知识等专题教学。中国近现代史纲要课程教学中可以引入孙中山、周恩来等对自身发展目标的探寻,通过总结历史经验,对大学生开展就业理论引导和价值塑造,结合新时代的历史使命阐述青年大学生的责任担当。形势与政策课程可以引入后疫情时代大学生就业现状及环境剖析、大学生就业能力提升策略和新时代大学生就业选择等专题教学。

这五门思政课,除了要讲清楚高校开设思想政治理论课的重要性外,还要紧密结合世界百年未有之大变局下我国经济发展的新格局,以及后疫情时代就业环境的新变化,厘清高校思想政治理论课与新时代大学生就业的内在关联,特别是任课教师的切身体会。只有深入阐发这些既蕴含丰富的理论宣讲和价值引导,又贴近当代大学生的生活与学习实际,既各成体系又紧密关联的就业场域中的思想政治课,才能引发学生的深入思考和内心共鸣,从而有效提升高校思政课课堂教学过程中学生的"抬头率"和参与度。

三是要研发就业"大思政"教学案例。坚持理论与实践相结合,积极探索案例教学,从当前大学生就业发展的新形势、新变化中提炼新话题,讲学生看得见、摸得着的身边事、关心事、热点事,使思想政治理论课的就业因子深度融入学生的生活实际中。要坚持"以案例为导引,以问题为核心",突出"案例导引",重点借用抖音、头条、微博等平台上关于大学生就业的热门事件,依托学生形象思维能力强的优势,因事而化、因时而进、因势而新,激发其学习兴趣,达到把道理讲活的目标;突出"聚焦问题",围绕学生就业发展困惑,形成课堂议题,及时解决学生疑问,提高其学习的内驱力,达到把道理讲深的目标;突出"讲透道理",通过就业案例的探究,提高思政课教学的思想性和理论性,达到把道理讲透的目标,增进立德树人和就业育人实效。

三、建强专兼结合的就业育人主力军

"三全育人"是党中央、国务院对新形势下高校思想政治工作的基本要求,全员、全过程、全方位自然也是做好就业育人工作的基本要求。建立全员、全过程、全方位就业育人体制机制是实现就业育人目标的根本途径。建强一支专兼结合、素质过硬的就业育人队伍,充分发挥不同主体育人合力,促进相互协同配合,是实现全员就业育人的必然要求。当前,就业育人队伍建设仍面临一些关键性的问题,例如人员配置有待加强、人员素质有待提高等。

(一)打造"多轮驱动"就业育人队伍

所谓全员育人,顾名思义就是要调动一切可调动的力量参与到就业育人过程中,围绕高校毕业生各方面能力素质提升,建立一支以就业工作人员、辅导员、班主任为核心,以思想政治理论课教师为主力,以专业课、通识课教师为支撑的"多轮驱动"就业育人队伍。

1. 就业工作人员、辅导员、班主任

高校就业管理部门工作人员直接面对大学生就业,是持续做好就业育人工作的毫无疑问的基础力量。

教育部2017年修订通过的《普通高等学校辅导员队伍建设规定》明确指出:辅导员是开展大学生思想政治教育的骨干力量,是高等学校学生日常思想政治教育和管理工作的组织者、实施者、指导者。他们的主要工作职责是为学生提供科学的职业生涯规划和就业指导以及相关服务,帮助学生树立正确的就业观念,引导学生到基层、到西部、到祖国最需要的地方建功立业。这充分表明了辅导员在学生就业工作中的责任担当和核心地位。

班主任作为高校学生管理队伍的重要补充,与辅导员两位一体,共同构成大学生健康成长的指导者和引路人,同样责无旁贷地肩负着就业工作职责。要想做好学生就业工作,必须紧紧抓住就业工作人员、辅导员、班主任这支一线作战的核心队伍。

当前,受学校整体认识、人员编制规模、个人发展路径等因素影响,这支核心队伍的建设还面临许多亟待解决的问题。第一,我国高校就业工作队伍配置严重不足。大部分高校不仅无法落实教育部关于高校校级专职就业工作人员数量与应届毕业生人数比例不低于1∶500的要求,有的高校甚至连高等学校应当按总体上师生比不低于1∶200的比例设置专职辅导员岗位的要求都无法完全落实到位,严重制约了就业工作的深入开展。第二,就业工作队伍专业理论水平和职业化建设有待加强。学校就业工作人员忙于就业信息发布、用人单位接待、校园招聘管理、就业协议签章、就业方案编制、毕业生档案转寄等繁重而具体的行政事务性工作;辅导员、班主任陷于学生日常管理等繁杂琐碎

事务，甚至还要兼管其他非学工类工作，面广点多，没有办法专注和全身心投入学生就业工作中，更没有时间开展就业理论研究和职业能力提升，专业化建设不畅。第三，就业工作队伍发展不旺，人心不稳。高校重视的往往是学科专业建设，在薪酬分配、激励制度上更多向专任教师及科研人员倾斜，就业工作队伍工资福利待遇的提升幅度小，就业工作吸引力降低。就业工作人员热情消退，角色认同度低，产生边缘化感觉，以致人员流动大，队伍稳定性差。针对以上问题，为促进高校就业工作持续健康发展，真正用好就业工作人员、辅导员、班主任这支主力军，确保人员配置科学合理、专业素质达标过硬、队伍稳定齐心，还有许多现实的困难和挑战需要解决。

2. 思想政治理论课教师

思想政治理论课教师是高校开展思想政治教育的主力，是全面贯彻党的教育方针，落实立德树人根本任务的重要依托。以思想政治教育为抓手做好毕业生就业工作，把解决大学生思想问题与实际问题相结合，既满足了毕业生精细化就业服务的客观需要，也是始终坚持把立德树人作为中心环节、把思想政治工作贯穿教育教学的现实需要。

思想政治理论课教师是专业从事思想政治教育的群体，这是开展思想政治教育的优势，也是参与就业育人工作的劣势。就业知识与技能的提升是思想政治理论课教师参与就业育人的先决条件。高校要根据就业工作的特点，让思想政治理论课教师知晓就业政策、了解就业形势、掌握就业技能，能够找准就业工作与思想政治理论课之间的契合点。同时，要将理论学习与实践培训结合起来，支持思想政治理论课教师参加各种类型的就业工作会议、学术沙龙、专题讲座、交流研讨、调研考察、教学观摩以及参观访问等，鼓励他们走出校园到企事业单位人力资源部门挂职锻炼和交流，参与企事业单位生产实践和人才招聘过程，深入了解企事业单位对人才的需求，了解企事业单位各类岗位的职责和要求、选聘人才的标准，明确人才培养目标。高校可以设立大学生就业指导课教研室，为思想政治理论课教师参与就业育人提供平台支持；还可以争取政策支持,为包括积极从事学生就业工作的思想政治理论课教师等在内的有关人员的职称评审单列计划、单设标准、单独评审,解决职业发展后顾之忧。

3.专业课教师与通识课教师

专业课教师与通识课教师具有渊博的学识,对于所属专业和行业认识全面,熟悉相关学科的专业特点、就业方向、就业区域、社会需求,在学生心目中有很高的威望,话语容易让学生接受。一些有过实际工作经验的教师还可以现身说法向学生介绍本专业的职场现状、工作环境,这些切身体会更能激起学生的共鸣,对开展学生就业工作具有很强针对性和说服力,能够产生独特的教育效果。以上特点为专业课教师与通识课教师参与就业育人赋予了得天独厚的优势。可以说,专业课教师与通识课教师是就业育人工作的重要支撑,在就业育人队伍中占有独到且不可或缺的特殊地位。

要实现毕业生就业工作的全员参与,就要最大限度激发广大专业课教师与通识课教师的积极性和主观能动性。

一是在日常的教学活动和师生交流中,通过沟通和观察了解,掌握学生的兴趣爱好、专业技能、性格特点,对学生的职业定位和就业选择进行有针对性的引导,指导低年级学生合理地制订并实施自身的职业生涯发展规划,帮助高年级学生科学认识自身实际情况,尽早确定就业意向,积极探寻适合自己的职业。

二是结合课程思政,潜移默化地开展职业观、就业观和择业观教育,引导和鼓励毕业生积极投身重点地区、重大工程、重大项目、国际组织等领域就业。

三是大力联系和协调,积极拓展学生就业岗位,利用承揽研究课题、技术服务、生产实践等环节,通过与用人单位的联系和接触,掌握用人单位对毕业生的需求情况。在这一点上,专业课教师与通识课教师具有得天独厚的条件。

四是基于课堂学习、教学实验、实习实训、社会实践等各种途径,深入细致地了解学生的情况,针对用人单位的岗位需求,有针对地推荐自己的学生。专业课教师与通识课教师社会交往多,与行业联系紧密而广泛,获得的就业岗位信息经过筛选后再传递给毕业生,往往专业针对性强,就业成功率高。在引导专业课教师与通识课教师深入参与就业育人的过程中,高校要想办法解决教学工作和就业工作各自为政的"两张皮"现象,改变只管埋头培养、不管就业出路的教学方式,从专业设置、课程安排到教学内容、教学方法和教学手段等进行全方位的改革。这也是值得深入研究的方向。

(二)形成全员参与、齐抓共管的就业育人合力

就业是民生之本,促进就业是安国之策。高校毕业生就业,一头连着国家社会,一头连着千家万户,是"稳就业"的重中之重。作为人才培养的主体,高校应提高站位,积极协调,推动形成全员参与、齐抓共管的就业育人合力。

1. 增强就业育人意识

要形成全员参与、齐抓共管的就业育人合力,就要增强全校教职员工的就业育人意识。

一方面,要培养相关主体高度的主人翁精神,提高责任感、使命感和紧迫感。就业工作不仅关系到学生的职业选择和个人成长,还与学校和教师的生存、发展息息相关。全校教职员工都要积极参与,把学生的事当作自己的事来做。教书育人是广大教师的工作职责,以学生为本是教师应有的教学理念。所谓以学生为本,就是以学生的成长成才为根本,教学的出发点和最终目的都是培养对社会有用的人才。教职员工都要深刻认识到,自己的教学和管理工作的最终目的是让自己的"产品"能经受住社会的考验。在完成教学、管理工作的同时,教职员工应关注学生就业状况并主动承担就业相关工作,全员参与,积极做好大学生就业工作。

另一方面,在市场经济条件下,考生、家长以及社会把大学毕业生的就业情况作为衡量一所大学办学质量的重要指标,所以,学生的就业情况关系到学校的生存与发展,也涉及每一个教师的切身利益。全校教职员工不能仅仅是埋头教书,更应该把帮助学生就业纳入自己的职责范围,主动参与学生就业工

作,将其贯穿于课堂教学、课外指导、学生管理、校园服务的过程中,贯穿于学生个人成长和学习生涯。这既是为学生服务,也是为自己服务。具体地说,就是要在针对学生的理论教学、社会实践、实习实训和日常管理等过程中,注重对学生就业观念的引导、就业能力的培养、就业技巧的培训、就业岗位的拓展和开发。只有教职员工真正树立了就业育人意识,就业育人工作才能走深走实。

2. 搭建全员就业育人体系

全员就业育人,"全"是关键、"育"是重点,全员是实现全方位的基础。全员育人的实质就是充分发挥不同育人主体的合力,促进不同育人主体间的相互协同配合。当前,在高校就业育人过程中,以就业工作专职人员、辅导员、班主任、思想政治理论课教师、专业课教师、通识课教师等为主体的工作队伍尚未完全形成育人合力,各育人主体的育人意识和自觉性不强;育人过程缺乏充足资源保障;对育人成效尚未完全形成科学合理的评价模式等,这些严重影响了全员就业育人体系的搭建,具体表现在以下方面:

育人主体间的协调配合亟待加强。从专业课教师、通识课教师的育人意识来看,部分教师存在"重智育,轻德育""重教书,轻育人"的倾向,仅仅将完成学科教学任务作为最高要求,且缺乏与辅导员、班主任、思想政治理论课教师等其他育人主体的合作与交流,对学生群体的思想动态掌握不清,育人实效无法显现。因此,高校要进一步阐明学生就业工作的极端重要性,让各育人主体都明白学生就业情况与学校和教师自身发展的密切联系,从而义不容辞地担负起自己的责任,用心用情融入和开展就业工作。

育人资源和制度保障亟待加强。全员参与、齐抓共管的就业育人体系的建立和落实,需要政策、队伍、经费等多方面的资源和制度保障。其中,政策保障需要学校制定必要的就业育人工作规划和政策指导;队伍保障涉及育人主体作用的有效发挥;经费保障涉及育人工作的持续有效开展。因此,学校相关部门要相互协同,不断完善就业工作队伍支撑体系,提供必要的资源保障和制度保证,增强就业工作队伍的内生动力,提升就业育人能力。在职称评聘、工作量计算、绩效分配等关键环节制定相应的规章制度，增强就业工作队伍的自我效能感，使他们善于开展就业工作，乐于从事就业工作，在就业育人过程中有收获、有奔头，在"大思政"的"同心圆"中实现自身价值。

评价考核体系亟待完善。重视就业育人工作的量化考核，是保证育人成果落地见效的基础。目前，部分高校的评估体系中没有处理好教书与育人、科研与育人、服务与育人的关系，还未真正做到破"四唯"。这种评价方式必然导致部分教师无法真正将工作重心放在就业育人上，从而影响了工作实效。因此，要加强制度建设，重视顶层设计，动用校内外专业力量，结合定性评价和定量评价，把就业工作开展情况纳入教师工作考察范畴并赋予较大权重，着力构建以就业育人为导向的评价体系，增强各育人主体参与就业育人工作的内生动力。

3. 提升就业育人能力

就业育人工作，其本质是育人，核心在于充分发挥以就业工作专职人员、辅导员、班主任、思想政治理论课教师、专业课教师、通识课教师等为主体的全校教职员工在就业咨询、指导、引领和育人等方面的作用。要不断提升自身工作能力，才能更好地发挥就业育人的作用。

一是明确角色定位，强化政治担当。通过专家辅导和自主学习相结合、理论学习和实践探究相补充的方式，强化全校教职员工的责任担当和角色定位，不断地提高政治站位。高校要主动加强教职员工相关能力培养，让他们充分了解国家的就业政策、就业形势、社会需求、就业路径等，深刻认识新时代国家战略需要对高校就业的新导向，树立服务国家战略、服务地方经济发展的就业观，注重对学生的价值引领，培养大学生的家国情怀和担当意识。

二是加强能力培训，提升职业素养。高校就业工作涵盖教育学、心理学、管理学、社会学以及人力资源管理等各学科各领域的专业知识，涉及职业生涯规划、就业政策法规指导、就业能力提升、就业心理调节、就业困难帮扶等实际工作内容，具备专业知识储备和综合服务能力是做好就业工作的基础。因此，不断提升从事就业工作的能力和相关职业素养是就业育人工作队伍健康发展的长期诉求，也是做好就业育人工作的必然要求。高校要明确就业育人能力培养的内涵,制定明确的培训培养方案、工作内容和要求、考核评价指标等,为能力提升提供参考依据。构建完整配套的就业育人能力培养体系,定期邀请相关专家学者开展论坛讲座,组织技能培训班,进行专题研究和探讨;定期开展就业能力训练课程,支持相关人员考取职业能力认证和实操认可证书,分层次、多形式地将日常培训和专业训练相结合,将理论学习和具体实践相结合,形成一套专业的就业能力培养体系。

三要加强交流与合作,畅通高校与专业机构之间的渠道,借助资深人力资源管理专家和职业规划咨询导师力量,通过实践与交流提升专业能力和素养,促进就业工作队伍职业化、专家化。同时,积极鼓励就业工作队伍主动走出学校,参与社会各项活动,深入基层,深入行业企业工作一线,了解国情、社情和民情变化,了解行业、产业和企业发展,科学合理地调整就业工作的内容与方法,将自身实践成果和工作经验转化为指导性的工作案例和课题研究,于实践锻炼之中提升就业育人工作能力。

四要大力建设就业育人专家工作室,聚焦重点难点就业工作专项,以点带面,组建工作团队进行专题攻关。设立就业工作研究项目,加快提升就业工作专业化水平。

四、打好就业育人资源整合的主动仗

就业育人需要学校内部不同育人主体的积极参与,更需要引入丰富的校外资源参与育人过程,要着力打通校内外信息隔膜,充分释放社会力量育人效能,突破人才培养和使用壁垒,推进高校、地方政府、行业企业深度沟通交流,实现校地、校企资源融通,充分发挥各方作用,打好就业育人资源整合的主动仗。

(一)引入校外育人资源

高校的育人过程是开放的,不是封闭的,闭门造车不可取,更应注重"走出去""请进来"。高校要一方面要主动走进企业、政府,倾听社会需求;另一方面要热情邀请行业精英、优秀校友等更多资源来助力就业育人工作。

1. 行业资源链接就业实际

高校大部分就业工作人员主要从事就业相关理论教学、就业政策宣传以及日常就业管理,缺乏行业的实际工作经验,不完全了解其他领域的就业现状及需求,对细分市场缺乏深刻的调查研究与分析,就业工作可能脱离社会实际需要,对学生缺乏有针对性的指导。同时,由于师资以及课程安排的限制,就业指导课以上大课和团体辅导为主,缺乏个性化服务。因此,引入不同行业的优质资源共同参与高校学生就业工作,成为破解难题的重要突破口。

行业专家、精英如政府官员、优秀企业家、知名公司高管等,都是在行业或领域中具有较高成就的代表人士。他们的身份比较特殊,在社会上有较大的影响力,具有光环效应,可信度高,学生愿意接受他们传递的信息。行业专家、精英更能把握社会的发展趋势,更了解行业的发展前景和人才需求。他们现身说法,内容更贴近社会现实,事例更有说服力,对学生的就业指导更有针对性,也更受学生的欢迎。他们的社会资源丰富,不同职业背景的行业专家、精英还能为学生提供差异化的立体的就业指导。

行业专家、精英参与就业育人,能够使就业育人更加贴近实际、贴近社会,在以下几个方面发挥育人作用。

一是帮助学生了解社会,认识职业。高校学生对职场接触少,对行业理解不深。行业专家、精英可利用自己的亲身经历与行业背景现身说法,帮助学生了解社会、了解行业、了解本专业所对应的职业及其要求,在今后的学习中有目的地培养自己的就业能力与专业素质。

二是帮助学生明确目标,做好职业规划。大学教育宽口径、厚基础、重理论,与职场教育存在脱节,给学生就业带来了挑战。业界精英以自身的成长经历、丰富的社会阅历,为大学生确立职业目标提供指导和咨询,并根据学生的不同特点,引导他们根据社会需要来就业、择业,正确客观地认识与评价自我,了解社会需要和职业要求,明确目标,提前做好充分准备,科学开展职业生涯规划。

三是提供就业信息,帮助学生就业。信息时代,信息就是机遇。对大学毕业生而言,掌握了就业信息就是把握了就业机会。行业专家、精英了解行业发展和人才需求,可充分发挥他们在相关行业的信息资源优势,充分挖掘就业岗位,积极推荐毕业生就业,帮助毕业生走稳踏入职场的第一步。

四是帮助学生转变就业观念。行业专家、精英对高校毕业生具有独特的号召力,可充分发挥他们的优势,积极引导大学生转变就业观念,鼓励毕业生根据自身实际和社会需要,拓宽就业视野和就业渠道,到西部去,到基层去,到祖国最需要的地方去建功立业,让青春之花绽放在祖国最需要的地方,把艰苦和磨砺当成人生精彩篇章的序曲,自觉担当服务国家、服务人民的责任与使命,在实现中国梦的伟大实践中书写别样精彩的人生。

2. 校友资源做好育人纽带

校友资源是高校发展的重要资源。校友的成长和进步,对学校就业工作有着积极的引导和示范作用。维护和塑造校友与学校的亲密关系,致力于共同进步和发展,将会使校友资源成为学校就业工作提升的重要途径。

校友资源具有天然的感情优势。它依托校友与母校之间的天然情感维系,比其他资源具有更强的持久性和有效性。校友在青春美好岁月里得到校园文化的熏陶,在渴求知识时得到恩师的教诲,在迷茫无助时得到学校的相助。因此,校友对母校的情感总是淳朴而深层的。当校友事业有成之时,他们乐于将自己对母校的情感表达出来。同时,校友情感具有偏好性,他们对母校的相关信息特别敏感,愿意对母校的师弟师妹们就业提供力所能及的帮助。

发挥校友资源独特的榜样效应。优秀校友就是榜样,榜样就是力量。因为有着相似环境下的学习和生活经历,优秀校友在学习、生活、工作中的成长足迹对学生具有更加直观的影响,容易产生共鸣。校友在专业学习、做人做事、能力培养等方面的言传身教,对学生就业能力的提升具有良好的帮助作用。

发挥校友资源强大的引领示范作用。开展优秀校友经验分享活动,宣传他们的成长成才之路和对经济社会发展的贡献,有助于学生深刻理解什么是成功、什么是使命担当。优秀校友的工作业绩、道德情操和社会阅历,构成了丰富的就业育人资源,对在校生的成长起着生动的示范效应。他们的先进事迹和励志故事,能够启迪在校学生脚踏实地,扎根基层,志存高远。

发挥校友资源突出的桥梁纽带优势。校友的成长与母校的发展是相互促进的,校友获得的成功是对学校人才培养质量的最大肯定和验证。校友在社会和行业内的影响力越大,母校的知名度和认可度也就越高,无形中为毕业生高质量充分就业创造了更多的机会,搭建了更高的平台。高校可依托校友资源深入挖掘就业岗位信息,选聘优秀校友成为学校"引才荐才大使",共建人才引进工作站、就业见习基地等。同时,结合校园招聘经常性开展优秀校友经验分享,让校友主持和参与校园招聘活动,分享自己的成长经历,让"师兄师姐说"成为校园招聘的重要环节,为毕业生提供更多更优质的就业岗位,促进毕业生更高质量更充分就业。

3. 校企项目、专项行动促进供需适配

供需适配是做好就业工作的前提和基础。高校要以《教育部高校学生司关于征集2021年供需对接就业育人项目的函》为指导,以"供需对接—就业育人"项目等为牵引,积极整合就业育人资源,促进毕业生就业。具体包括以下方面:

一是开展定向人才培养培训。高校可以结合用人单位的人才培养培训具体需求,协同制订培养方案,更新教学内容和课程体系,实施长期系统定向培养或短期就业能力培训,为用人单位输送急需紧缺人才,助力毕业生就业。

二是共建就业实习基地。高校可以会同用人单位大力开展就业实习基地建设,在实习过程中储备人才资源、遴选和考察毕业生,帮助更多毕业生通过实习实现就业。

三是开展人力资源提升项目。高校可以结合用人单位事业发展需要,合作建立定向招聘关系,打造人才工作站或专门人才基地。双方还可定期互派工作人员开展挂职交流,协同开展就业创业、行业发展、团队建设等专门研究,深化互利合作,建立紧密的人才供需对接关系。

高校要以教育部办公厅关于开展全国高校书记校长访企拓岗促就业专项行动为契机,深入落实高校毕业生就业工作"一把手"工程,充分发挥书记、校(院)长以及校领导班子成员带头做好毕业生就业工作的示范作用,带动学校全员深度参与,做好高校毕业生就业工作。

高校要通过专项行动,开拓就业渠道和岗位,主动加强与地方政府部门、企事业单位和各地校友会的交流合作,扩大人才合作伙伴关系,大力挖掘用人信息,邀请企事业单位来校招聘,为毕业生提供更多就业渠道和岗位;要开展社会需求调查,深度了解用人单位对毕业生的能力素质要求,查找学校人才培养和就业服务等方面的不足,促进学校学科专业调整、人才培养改革、招生计划动态调整和就业指导服务质量提升,与企事业单位积极发展人才预约定制关系,开展订单式培养毕业生;要推进毕业生跟踪调查,通过单位走访、交流座谈、问卷调查等形式深入了解毕业生的工作、生活和发展情况,听取毕业生对学校人才培养、就业指导服务的意见建议,深入了解用人单位对学校毕业生的满意度,以及在思想道德品质、职业素养、专业能力等方面的反馈意见,推动学校深化教育教学改革、提高育人质量。

(二)彰显生涯人物示范

生涯人物是指学生感兴趣的职业中有一定丰富实践经历的从业者。典型案例亦如此。生涯人物、典型案例都是真实的,具有强大的说服力和感召力,因而也是重要的就业育人元素。

1. 生涯人物访谈

生涯人物访谈是引导大学生自主思考的一种职业规划活动,通过当面访问、电话交流、网络沟通等多种形式,对一定数量的职场从业者进行职业调研,从而获得对行业、职业和组织的深入了解,是就业育人的一个重要拓展项目。

生涯人物访谈不仅是大学生对未来职业生涯的一次探索,更是对自我规划、自我成就的探索。通过生涯人物访谈,大学生可以借鉴访谈对象的职场历程和经验,及时洞察当今就业形势的真实状况,真实了解自己所向往的职业和行业对从业人员的要求,从而对自己的职业生涯规划与实践有清晰的认知。生涯人物访谈可以让学生尽快了解职业世界,锻炼能力,是一种将学习、体验、互动融为一体的学习模式,对于做好就业工作具有重要意义。在生涯人物访谈过程中,具体需要做好以下几个方面的工作:

一是激发学生参与兴趣,精心设计组织。访谈开始前,教师要引导学生深入了解生涯人物访谈的意义,激发学生积极主动参与人物访谈的热情,并通过课堂教学让学生掌握生涯人物访谈的方法和步骤。教学过程中,教师要根据每个学生的不同特点,从主题选择、访谈对象等多个方面给予符合其个人实际情况的建议。在访谈内容上,低年级学生的访谈主题应侧重于了解所学专业对应的行业领域、职业岗位的发展前景以及人才供求状况,主要是帮助学生获得开展职业规划、做好就业准备的信息;高年级学生的访谈主题主要侧重于对具体目标单位、具体岗位信息的收集和了解,以便理性地进行职业选择。

二是帮助学生选准访谈对象,提高访谈效率。在生涯人物访谈活动开展过程中,学生由于个人资源有限,又不善于挖掘和拓展社会资源,遇到的最大困难就是寻找合适的目标生涯人物。对此,学校就业工作队伍要进行重点引导和启发。第一,要指导学生利用社会实践、专业实习等与单位直接接触的机会,寻找和联系访谈对象;第二,通过学校就业工作人员、辅导员、班主任以及其他老师牵线搭桥,联系合适的访谈对象;第三,联系学校校友开展访谈,选择校友作为访谈对象的优势在于,访谈者与访谈对象有着相同的学习渊源,其提前入行获得的工作经验对访谈者更具启发和借鉴意义;第四,利用各类型的校园招聘活动,寻找机会对来校招聘的企业代表、相关部门负责人等开展生涯人物访谈。在实践中,进校招聘的相关人员往往更乐于接受学生的访谈请求。

三是教育学生重视访谈细节,着力提高访谈效果。一次成功的访谈往往由若干精致的细节紧密构筑而成:访谈前精心设计访谈提纲;用心准备合适的访谈地点;一份语言简明、特点突出的自我介绍;访谈过程中的守时、礼貌和善于倾听;访谈结束后及时归纳整理信息以及表达诚挚的感谢。

四是引导学生及时开展总结评价,有效反馈自身行动。生涯人物访谈结束后,访谈者需要提炼自己的体会和感悟。教师要引导学生通过撰写访谈记录和访谈报告,认真总结访谈过程的得失,把隐性的体会感触内化为个人显性的文字总结,以此有效规划日后职业生涯,根据职场与社会要求强化自身能力,提前为就业做好准备。

2. 典型案例展示

典型案例展示是指根据教学和工作需要,选择和利用在就业中具有典型示范意义和教育价值的经典案例,引导学生参与分析、讨论等活动,让学生在具体的问题情境中积极思考、主动探索,促进自身就业。

典型案例具有真实性、启发性、实践性和操作性等特点。教师可以引导和调动大学生从案例主体的角色出发,运用各种知识和技能提出自己的建议和方案,解决案例中的问题,让学生得到真实的实践和训练。在此过程中,学生审时度势、进退选择、取舍权衡、应变决策的胆识和能力得到培养和提高。从典型案例中得出的结论、总结的方法、形成的思维习惯将在学生求职就业时得到有效迁移,完成从课堂到社会、从理论到实践的转化。通过典型案例开展就业育人,需要做好以下几个方面:

首先,精选展示案例,根据不同的时间、不同的对象选择不同的案例内容。对于低年级学生,要安排职业理想、职业选择、职业生涯规划等态度层面的案例;对于高年级学生,要选用求职技巧、心理调适、礼仪礼节等技术层面的案例。此外,案例要贴近学生生活,贴近当下实际,这样更能引发学生思考。

其次,组织交流讨论。交流讨论是让学生产生代入感,设身处地分析案例、发现问题、思考解决方案的重要手段,是典型案例展示的关键环节。要鼓励学生积极参与,可先安排一位准备得比较充分的同学发言,然后由其他同学针对他的发言提出补充意见或者反对意见。对于同一个案例,每个学生都可以提出不同的意见和看法,所以教师要引导学生剥去案例中外在的、细枝末节的、非本质的内容,揭示内在的逻辑关系。

最后，开展总结分析。交流讨论结束后，教师要对案例进行点评，分析成功或者失败的原因、导致最终结果的关键因素以及值得借鉴或反思的地方。在归纳总结环节，答案不应该是唯一的，要允许学生多方面、多角度思考问题，引导学生思考、探索并建立一套分析问题、解决问题的思维方式。

(三)营造就业文化环境

就业文化是校园文化的一个重要组成部分，是校园文化在学生就业领域的延伸。高校就业文化是在校园文化熏陶下形成的积极追寻自身价值、正确进行职业生涯规划、主动开展就业行动的校园就业理念的总和。优秀的就业文化环境塑造人，有利于孕育适合职业发展的人格特质，沉淀职业技能，提升价值追求，为高校毕业生更加充分更高质量就业打好基础。营造良好的就业文化环境，离不开积极向上的就业文化和相互激励的就业氛围。

1. 打造积极向上的就业文化

就业文化具有渗透功能，有利于培育职业的人格素质。积极向上的就业文化有利于培育创新型人格。创新型人格的培育，需要鼓励创新的氛围，保护试错的机制，开展创新思维训练等。高校通过就业文化建设，开展挑战杯竞赛、"互联网+"大赛、创新创业大赛等校园创新创业活动，有利于创新型人格的养成。积极向上的就业文化有利于培育开放型人格。职业发展需要开放型的人格特质，保守、僵化、封闭的性格难以面对日新月异的时代要求。高校拥有丰富多彩的校园文化，倡导自由开放的观念理念，能够促进大学生与社会沟通，培养学生开放型人格。积极向上的就业文化有利于培育进取型人格。就业文化一般以各类型学生团体为单位开展，这种竞争性活动氛围有利于培育大学生的竞争意识和拼搏精神，有利于他们形成进取型人格，让他们能在市场竞争中承受挫折、接受失败，逐步成熟。

就业文化具有示范功能，有利于塑造良好的职业技能。就业文化的示范功能是指贯穿就业文化活动过程的基本理念、方法、技能对参与成员的引导、示范和浸润作用，集中体现在学生日常学习生活、课外实践、社团活动中。在日常学习生活中，高校应通过以就业为主题的各类校园文化活动，影响和引导更多的学生关注就业、关注职业发展，启迪就业思维，为走向职场奠定基础。学生可以通过"第二课堂"熟悉本领域前沿的发展动态，对学科发展与就业方向有更清晰的认识。广泛参与礼仪培训、面试模拟、就业心理测试、人际关系处理等各类社团活动，能够让学生提前感受职场气氛，形成良好的职业技能。

就业文化具有价值导向功能，有利于培养良好的职业道德。就业文化的价值导向功能，是指就业文化元素所具有的集中统摄功能，会影响大学生就业择业的内在价值观念的形成。大学阶段是职业价值观培养的重要时期，大学生职业认知比较模糊，求职观念不稳定，就业心态不够成熟，受外部环境与自身发展因素影响较大，价值观念可塑性强。校园就业文化建设通过系统规范的价值观念培育，对大学生有极强的感染力，使他们在职业选择过程中，能够保持积极健康的择业心态，正确把握国家需求与个人选择、经济效益与社会效益、奉献与索取等关系。

为凸显积极向上的就业文化，营造良好的就业文化氛围，高校需要利用好朋辈帮扶、社团建设以及网络新媒体平台。

一是利用朋辈榜样强化就业示范效应。相较于抽象的理论学习，身边优秀人物的典型事迹无疑更加直观和具体，有利于其他成员的直接观察、模仿和学习，更容易产生价值认同。朋辈榜样就是最直接的身边典型。以朋辈榜样潜移默化地营造就业文化氛围，有利于形成就业示范推广效应。

二是利用学生社团加强就业文化交流。社团是学生进行文化交流的重要平台，每个学生都是社团内平等的交流主体，通过交流互动，形成稳定的组织价值观，最终形成团体的组织文化。高校要组建就业类型的学生社团，通过政策和资源支持，把在校学生普遍关注的成长成才和求职就业问题转化为各种类型的校园活动。开展以就业为主题的各类校园文化活动，可以繁荣校园文化，帮助大学生顺利就业。还要充分利用其他主题的各类社团，让就业社团广泛联通其他社团，有计划地在社团活动中引入就业文化内容，不同社团、不同成员相互学习，相互交流，提升就业能力和综合素质，形成积极向上的校园就业文化。

三是利用网络新媒体平台加强文化载体建设。随着互联网技术的持续发展,微信、微博、APP等平台以其信息量大、内容丰富、传递速度快、互动式交流等特点,极大丰富了教学资源,拓宽了教育途径,优化了教育方式。要想实现校园就业文化可持续发展,就必须加强网络新媒体平台建设。高校应通过在技术层面建立和完善就业服务新媒体平台,及时传递国家就业政策和价值导向,传播优秀学生成功案例,打造积极向上的就业文化。

2. 形成相互激励的就业氛围

就业氛围植根于就业文化,积极向上的就业文化能孕育出相互激励的就业氛围。在开展就业育人工作中,教师要充分依托先进典型、比赛活动、宣传表彰等途径,发挥树旗、导航、引领作用,形成相互激励的就业氛围。

依托先进典型是形成相互激励就业氛围的有效途径。就业典型是榜样,高校应利用朋辈激励,邀请毕业不久的在工作中取得一定成绩的年轻校友作为朋辈导师,直接参与就业课程,由他们直接向学生介绍求职经验、工作中的心得体会、理论知识向就业技能的过渡等专题内容。还可充分利用已成功就业的毕业年级学生资源,通过开展座谈会或一对一交流,分享学习技巧、求职经历,以朋辈榜样、典型引领的方式潜移默化地营造相互激励的就业氛围。

组织和举办以就业为主题的比赛活动,是营造相互激励就业氛围的有力手段。通过积极广泛组织学生参赛,以赛代训,以赛代练,一方面帮助参赛学生增强就业意识,提升就业能力和综合素质,提高就业竞争力;另一方面,比赛的竞争性使优秀学生最终脱颖而出成为榜样,辐射和引领其他学生向榜样看齐,推动形成相互激励的就业氛围。

宣传表彰是形成相互激励就业氛围的重要方法。对于在求职就业实践中以及各类型就业比赛活动里涌现出来的优秀代表性人物,高校可通过线上线下融媒体广泛宣传和举办表彰活动,充分发挥榜样的示范引领作用,吸引其他学生学习榜样,争做先进,你追我赶,进一步促进相互激励的就业氛围的形成。

(四)建立就业育人机制

深入推进就业育人工作需要建章立制,完善就业育人体制机制,形成以评价机制、激励机制和监督机制为主要内容的就业育人体制,积极推进校内外各方资源整合,形成就业育人大格局。

1. 改进评价机制

就业工作评价是指依据标准,利用可操作的技术手段,通过系统地对学生就业工作过程和效果进行定性和定量分析,进而对学生就业工作做出质量评判的过程。在整个过程中,收集真实、全面的信息和数据是评价的前提,它使评价能准确地把握客观状况和效果;对收集的资料做出准确、细致的评估、判断、分析是评价过程的中间环节;反馈、提高是评价过程的终点。

良性、健康的就业工作评价机制应该是定性与定量相结合、过程与结果相结合、全面与重点相结合,力求构建立体化就业工作评价体系。相关模型应由五个维度构成,科学评价校内外各方资源参与就业育人过程的成效和贡献率。

一是就业工作体制,主要评价顶层体制机制建设,学校领导对就业工作的重视程度,"一把手"工程的落实情况,校内各部门和院系对就业工作的支持程度等。

二是就业工作条件,主要包括就业工作机构设置、人员配备、经费投入、场地建设以及相关规章制度运行情况。

三是就业工作过程,主要包括就业指导、就业市场、就业管理等。就业指导包括职业生涯课程的建设,个性化就业指导与咨询的开展,就业帮扶的开展,各项就业政策的宣传引导,就业调研等。就业市场主要有校园招聘活动的举办、用人单位的服务、成熟就业市场的维护、新兴就业市场的拓展等。就业管理主要有学校就业进展情况的跟踪和管理、毕业生就业数据的维护、就业手续的办理等。

四是就业工作绩效,主要包括不同时间点毕业去向落实率情况,在国家引导和鼓励的重点地区、重大工程、重大项目、国际组织等领域的就业情况,基层就业、参军入伍的落实情况,就业对招生计划、人才培养联动机制的推动情况,就业对反馈和促进学校人才培养改革的成效等。

五是就业工作满意度,包括毕业生对学校就业工作满意度和用人单位对学校就业工作满意度等两个维度。

总之,这五个维度共同构成全方位、立体化的评价体系。在具体实施过程中,高校应提前制订考评计划,根据高校的类型、层次和办学模式确定各指标的要素及权重,按照科学合理的测评计算方法,公平客观地得出评价结论,为做好就业工作,提升就业育人实效提供参考和依据。

2. 健全激励机制

激励机制是指通过特定的方法与管理体系,刺激人的需要和愿望,调动人的积极性和创造性,使其努力克服困难,实现最终目标。高校就业育人,从内容上看不仅涉及学校教学、科研、管理等各方面工作,也涉及政府、企事业单位等社会主体的方方面面;从机制上看需要统筹校内、校外各类资源,整合原有的相互割裂的分离局面。因而,就业育人激励机制的构建更具艰巨性和复杂性,具体包括以下方面:

一是以人为本,明确激励内容。就业育人激励机制建设,需要牢固树立以人为本的理念,考虑就业工作队伍相关个体的年龄、职称、岗位、职务等因素,在广泛访谈调查、全面深入了解真实需求的情况下,充分认识不同层次、不同类型主体的需要层次结构以及他们在不同时期的主导需要,有针对性地设置不同的激励诱因,提出不同的激励内容,使大家产生认同感。

二是内外兼顾,满足合理需求。激励性薪酬制度的实施是就业育人工作持续健康开展的重要动力,是激励机制的关键环节。根据经济诱因的边际理论,当薪酬水平达到或接近个体的期望值时才有激励效果,否则只有保健而无激励作用。因此,要建立灵活且具有竞争力的、与就业育人过程和成效挂钩的薪酬分配制度,加大资源投入,提供富有弹性和竞争力的薪酬激励。但是,物质激励的边际收益是递减的,仅靠单纯地提高内在的物质激励对就业育人工作整体提升的作用还是有限的,还要在职称评审、职务安排、荣誉授予、培养培训等外在的精神层面予以更多的关注,内外结合,全方面满足就业工作队伍的合理需求。

三是公平公正,据实开展激励。公平公正是激励机制的基础和底线,人们总会自觉或不自觉地将自己付出的劳动代价和所得到的报酬与他人进行比较,并对公平与否做出判断,从而直接影响工作动机和行为。当感到公平时,心理平衡和舒畅,工作努力;当感到不公平时,心生怨恨和不满,影响工作积极性。因此,在开展激励时,要依托科学合理的就业育人工作评价机制,按照标准一致、规则相同、机会均等、执行公开、非差别化的原则落实激励,决不能平均分配资源。

四是因时因势,动态调整完善。相对来说,年轻的教师倾向于外在的物质需求,而年长的教师倾向于内在的精神回报。同时,伴随教师职称晋升或职务调整,不同年龄、不同岗位教师的工作压力和薪酬福利相应变化,对激励的需求也会随之变化。若激励机制不因时因势动态调整,将导致激励与需求脱节,使激励的边际效应衰减。因此,激励机制运行的过程中,要定期开展反馈沟通,不断修正激励目标,适时适度开展激励,使得机制运行效果最优化。

3. 完善监督机制

监督机制的制定是落实立德树人根本任务,确保就业育人工作规范有序开展的重要保证。要进一步完善监督机制,明确监督任务,开展监督问责,充分运用监督结果,进一步压实就业育人责任,将育人这一严要求转化为强约束、硬指标。

监督任务的确立为监督行为提供了正确的目标导向,确保了就业育人工作得到有效监督。

一是聚焦体制机制开展监督。高校要强化就业育人意识,建立健全育人工作体制机制,压紧压实育人责任,真正落实一岗双责。聚焦高校党委、职能部门、其他部门、培养院系、全体教师的归口责任,将育人的严要求转化为强约束,监督"学校党委统筹协调、职能部门归口管理、其他部门密切配合、培养院系推进实施、全体教师贯彻执行"体制机制的贯彻落实情况。

二是聚焦工作落实开展监督。根据就业育人工作评价机制,深度挖掘各个单位、每个岗位、各类教职工的育人元素,将育人的严要求转化为硬指标落实其中。在重要节点、重要环节,监督就业育人工作及时有效开展;在结果端,通过目标考核,监督就业育人工作落实落地,取得成效。

后 记

　　党的十八大以来,以习近平同志为核心的党中央高度重视就业问题,反复强调就业是最大的民生工程、民心工程和根基工程,提出实施就业优先战略和积极就业政策。在党的二十大报告中,习近平总书记更是将"实施就业优先战略"提到了前所未有的高度。高校毕业生就业工作是党的二十大报告提出的"教育优先发展"与"就业优先战略"的重要交汇点,高校毕业生能否实现更加充分更高质量的就业,不仅关乎毕业生个人的成才发展及其家庭的和谐幸福,更关系到经济社会的和谐稳定、整个国家的繁荣发展。高校作为立德树人的重要场域,承担着为国家发展输送人才资源的重要职责,始终秉承着以人为本的价值导向,在关注大学生思想道德素养提升的同时,也兼顾着大学生求职择业本领的增强,这就蕴含着从"大思政"视域考察和审视高校就业育人的内在要求,也就是将高校小课堂与社会大课堂相融通,解答就业育人的内在规律,丰富就业育人的内容体系,强化"大思政"视域下高校就业育人的实效性。

　　《"大思政"视域下高校就业育人研究》一书在编写过程中,从各方面、各领域广泛搜集文献资料,涵盖专业书籍、理论文章、报刊等多种类型,注重发挥团队的集体攻关优势、发扬团队作战精神,对研究的基本思路、框架结构、重点难点、创新之处等问题展开了深入交流研讨。在章节设置上,本书以基本概述、现实审视、原则遵循、内容建构、过程衔接、策略优化统筹"大思政"视域下高校就业育人的理论研究与实践展开,立体化分析了"大思政"视域下高校就业育人的前沿问题,在把脉问诊的基础上提出了"大思政"视域下高校就业育人的现实方略,以此为基础探寻"大思政"视域下高校就业育人命题发展的未来向度,为学界继续深耕就业育人问题提供重要的理论线索。

本书获得西南大学中央高校基本科研经费"能力提升"项目——"'大思政课'视域下高校全过程就业育人研究"资助，由项目主持人西南大学马克思主义学院邓湖川副教授负责整体框架的设计，各章作者分工如下：第一章，章瀚丹；第二章，郭明生、李栋宣；第三章，曹楠、郎捷；第四章，邓湖川、米倩倩；第五章，邓湖川、李小梅；第六章，李栋宣、章瀚丹、向本科。邓湖川负责全书统稿，章瀚丹负责文献收集整理，李栋宣对部分章节进行改写。

在项目论证及书稿编撰过程中，获益于西南大学马克思主义学院、西南大学招生就业处的大力支持！本书的编撰除了参考经典著作以外，还参阅和借鉴了学术界相关著作及相关论文，在此向学术界各位同仁深表谢意！对于参考之处，全书已经采用脚注方式进行了明确标注。衷心感谢西南大学出版社的大力支持，感谢出版社各位工作人员的辛勤付出与指导帮助！在全书写作过程中，由于时间仓促、篇幅有限，且"大思政"视域下高校就业育人涉及众多内容、包含诸多方面，本书在研究过程中难免会有疏漏之处，只能留待今后补充与修正，敬请各位同仁批评指正！